U0068018

有徒同行

——班級教師與實習老師建立
一個良好的學習關係

何俊青、陳嘉彌 編譯

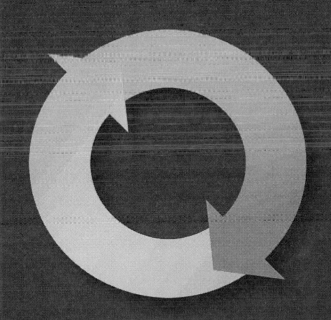

e English edition of *Company in Your Classroom* is published by the Center for the
llaborative Classroom, Alameda, California, USA.
Center of the Collaborative Classroom 2000
e Center for the Collaborative Classroom is the author of the English edition of
mpany in Your Classroom.

天空數位圖書出版

譯者序

　　我國從師範教育時代到師資培育時代，儘管在培育師資的內涵上不斷發展，但是教育實習始終都是關注的焦點，只因其負有轉化實習學生的重要任務。教育實習既是如此的重要，為發揮教育實習的功能，便需要各方的參與和協助。這種合作既是必然趨勢，顯見各級學校的教師都可能一面擔任青少年的教學者，另一方面擔任實習教師的輔導者。透過適當的教育或訓練，可以增強一般教師擔任實習輔導教師的能力。「師徒制（mentoring）」是協助師資養成、促進教師專業成長可以推行的作法之一，當代的師徒制除保留技術性知能學習外，更著重人際互動及高階思維的訓練，並強調參與者的共贏關係。

　　教育實習是培育專業師資的重要階段，而實習輔導教師（師傅）在其中扮演關鍵的角色，負有協助實習學生（徒弟）連結與轉化理論，以培養其專業實踐能力的重要任務。Marilyn Watson 與 Amy Schoenblum 所著「課堂上的陪

2

伴：與學生建立學習關係」（Company in Your Classroom: Building Learning Relationships with Your Students）一書正可達到這項目的。

Company in Your Classroom 首章開始便提及教室的基本管理策略為溝通，次就師傅與實習老師的互動關係強調師傅應進行適當的溝通並介紹給學生認識與協助認識班級，而這是成功的第一步，再次討論實習指導時發生爭論時的處理方式，接著是說明師傅儘早和實習老師建立良好關係的重要性，最後討論發展實習老師的知覺與專業能力。Watson 與 Schoenblum 是兼具理論與實務的學者，針對擔任師傅的實習輔導教師提出許多可關注的面向與實際因應的策略，實為一本專門提供實習輔導教師於指導實習教師時的實用工具書。

Marilyn Watson 與 Amy Schoenblum 二位在兼具理論與實務的學者及實踐者。其所著針對實習輔導教師提出許多可關注的面向與實際因應的策略，值得翻譯成中文讓國內教育工作者閱讀參考。本書譯者：陳嘉彌教授為我國師徒制研究之先驅，幾十年來，他一直在台灣的教育現場推廣各式之師徒制模式；何俊青教

授在教育現場經營數位學伴方案多年，對師徒
式議題亦感興趣，他從師徒互動的案例中，也
習得多元教育情境的另類結構與觀點。

　　本書亦針對臺灣的實際教育情境提供國
內範例，望實習輔導教師參閱後，有助於實習
輔導教師角色困境的解決，提升其承擔實習輔
導角色的意願，共同合作培育未來的卓越師
資。

目錄

✐ 譯者序／02

✐ 前言／07

✐ 第一章
教室的基本管理策略——溝通／19

✐ 第二章
師傅與實習老師的互動關係／29

✐ 第三章
成功的第一步／71

✐ 第四章
實習指導——發生爭論時／93

✐ 第五章
發展實習老師的知覺與專業能力／111

✐ 附錄：教師反省札記／167

有徒同行——
班級教師與實習老師建立一個良好的學習關係

前言

　　這是一本工具書，專門為協助擔任實習輔導老師（或稱之為「師傅」，以下章節簡稱此名）的「級任教師」如何與實習老師在其實習期間彼此如何共同合作、教學相長，並將關注的焦點集中於師傅和實習老師間薪火相傳的「實習輔導」關係。儘管師傅、實習老師與師資培育機構的實習指導教授均應保持密切的合作關係，但師傅和實習老師是最常待在同一間教室者，也僅有師傅能在實習老師教學時，及時給予支持與回饋。因此，實習老師的實習活動是否成功完全取決於師傅能否與實習老師彼此間良好的溝通，並讓「徒弟」融入班級中成為成員；或者避免師傅和徒弟之間因溝通不良而導致排斥抗拒的產生。因為師傅的身分是如此獨特，責任又何等艱鉅，有時候師傅難免會感到孤立無援，不知道怎麼做對實習老師最有幫助，因此，我們衷心希望這本書能對擔任師傅的老師們有所助益。

　　本書除了提供師傅與實習老師協同工作的具體理念與實際方法外，還收錄了其他師傅以及他們實習老師的心聲與經驗供讀者參考，唯有收錄雙方不同的觀點，讀者才能理解與期

待這些生澀卻信心滿滿的「明日教師」在師傅的羽翼下成長，是一種樂趣，也是一種挑戰。

　　不管在個別晤談、會議及大學的課堂中，提供本書實例的當事者再三反覆考慮，期望從他們自己的經驗和學習中，獻出最精華的部份和讀者分享，我們希望讀者能欣賞他們的灼見和坦誠。

在師資培育機構計畫下，師傅與實習老師相互配合

　　師資培育計畫受實習合作學校、實習指導教授、或師傅三者彼此間不同的互動方式而有所差異；在稱呼上可看出他們的不同，如稱級任老師為「實習輔導老師」、「合作教師」、「師傅」、「導師」等。在師資培育機構的實習計畫中，對於師傅面對實習老師所持的角色之感受，我們只有一些基本原則性的建議，供師傅參考。

　　我們懇切建議在師資培育機構的實習計畫中，企力爭取師傅對實習老師輔導的合法身分（包括聘書及合約）。尤其當實習老師進入班

級教室開始，師傅便須與實習老師共同設定學習目標，以後有關實習老師學習進展的任何討論會議，都要邀實習指導教授一起參與。倘若師傅和實習老師的意見激烈相左，或覺得徬徨無措不知如何幫助實習老師成長時，更需要師資培育機構的實習指導教授給予適當的協助與指導。不過，就算一切都順利，師傅也須瞭解師資培育機構對實習老師的實習目標與期望，如此除了能提供有關師資培育計畫的回饋與建議，此外更有把握幫助實習老師達成師資培育機構的目標。

本書的教育哲學

研究發展中心（Developmental Studies Center，DSC）專門出版有關教學的錄影帶及出版品，本書是其中之一。DSC 創辦於 1980 年，是一個非營利為目的的教育機構，一直從事研究工作，並發展以學生為中心的不同計畫，期望能促進學生彼此間的關懷；並希望學生的學業成就、社會行為及倫理道德皆能統整發展。本中心的任務是加強學生對價值觀的自我認同，例如對於仁慈、助人、自我負責、尊

重他人等認同；也培養學生加深批判思考的能
力，以協助其日後自動自發的終生學習。

　　DSC 的教學資源共耗費二十年的時間，集
合了全國各地的教師、學生、家長與學校行政
人員共同研究得來的心血結晶。抱持的哲學之
核心思想是「激勵與協助學生成長的最佳、最
有建設性的途徑是要讓他們能發展自治能力、
歸屬感及成就感的學習環境。協助學生發展成
為一個不偏不倚的學習人、社會人及道德人的
現代公民。」

本書的班級經營觀

　　當 DSC 的教育哲學理論應用到「班級經
營」時，其目標是在追求建立一個既溫馨又有
活力的學習環境－這是所有的實習老師和初
任教師要面對的終極挑戰之一。因為，即使是
教學技巧最高超的老師，也要花好幾年的時
間，才能不「過度」依賴藉控制、懲罰或獎賞
等外控機制，而發展出一套流暢、有效率的經
營風格，讓學生能無後顧之憂的快樂學習。

　　所謂的「過度」，依字面定義觀之可能失之
籠統。因此讓我們先了解目前美國一般教室中

常見的兩種「班級經營」觀，較能幫助我們瞭解本書的班級經營觀點。經過濃縮比較目前有關班級經營的觀點或方法，整理此兩種班級經營風格，有下列三點較為顯著的差異：

➢　它們所假定的教學目標不同。

➢　它們對學生的動機的假設不同。

➢　它們為了營造和諧的班級氣氛而採用的技巧不同。

兩種常見的班級經營觀

	□	□
教學目標	以學業成就為主	除了學業成就之外，還統整了社會行為與倫理道德
動機的假設	以利己為主	除了利己之外，他們的學習是出於內在的動機，及對群體積極奉獻

12

營造和諧氣氛的技巧	教師掌控，附加一些獎懲手段	教師掌控之外，還教導他們自我控制的技能

　　第一種「班級經營」的風格，認定學生上學的唯一目標：是追求學業成就，至於社會行為和倫理道德的發展，雖然也很重要，不過那是家庭、或家庭和教會、或其他宗教機構的責任。所以擁護此種觀點的人士通常都把「班級經營」當做手段，希望能藉此支配學生的一舉一動，為他們爭取更多的上課時間，以達到完成高學業成就的目的。

　　通常這種觀點是：假設引發學生學習動機的主要動力是追求利己。依此觀點，如果我們要讓學生表現出某種行為，就必須讓他們知道達到某種行為的標準，對他們是百利而無一害；如果背道而馳，就是百害而無一利了。根據這種假設，教師的班級經營通常仰賴獎懲的方式，來塑造學生期望行為。多年來努力，持此觀點的人士逐漸發展出許多有效掌控學生行為的方法，例如 Lee Cantor 的「強勢規約（Assertive Discipline）」，即為此派的代表之一。

「班級經營」的第二種觀點是：把學生的社會行為和倫理道德的發展視為和知識發展一樣重要，都是學校教育的重要目標之一；雖然家庭、或家庭和教會，也共同分擔某部分的責任。

持此觀點的人認為，學生除了因利己因素促使追求自我成就外，他們大部分是源自內在動機的啟發，而樂於學習、與人為善。固然，約束學生的行為，注重佈置良好的學習環境，以加強學科的學習是必要的；不過，把握時機促進學生對社會行為及倫理道德的理解，同時幫助學生培養自我負責的能力，其重要性無分軒輊。尤有甚者，因為倫理道德的養成，必然牽涉到助人為善，或是自發於個人內在的道德規範的呼喚。因此，此觀點的支持者認為「班級經營」的基本理念不能完全只仰賴利己的動機，還須加上一個人的倫理道德的養成，及不計利害、無怨無悔的「輸出」。

雖然第二種觀點對實習老師而言，不論是學習或實踐層面都相當複雜，但它卻是本書的「精神」所在。基本上，它要求老師知道：如何在必要時約束學生的行為，亦要求老師要讓

學生慢慢地理解何謂「好人（a good person）」的定義，並讓每個學生都能致力成為好人，以及教會他們努力實現目標的技能。此觀點的內涵，在於堅信社會行為和學業成就的學習是相輔相成的，兩者能同步發展的班級才是「既有效率又溫馨」的學習團體，始能培養學生成為未來民主社會中負責任的好公民。

在本書中現身說法的那些師傅們，在班級經營策略中有些不採用獎賞或懲罰的外控技巧，有些老師僅運用小部份的行為改變技巧；同樣地，那些提供切身經驗的實習老師所使用的一些策略，如在黑板上記名字、剝奪權利等等，可能短期有效；然而，他們儘量做得不讓人有「強力鎮壓」的感覺，因為他們的終極目標在於幫助學生成為對自己及學習認真負責的人。

本書讀者將會發現出現書中的老師都有一些共同點：熱心奉獻自我，致力營造一個溫馨的學習環境，並以愛與關懷來對待所有的學生；平時指導學生學業學習外，亦能把握時機，辛勤教導學生在道德及社會領域方面的理解與技能。

感謝啟事

我們要特別感謝這一群有愛心、又熱心的五位師傅，對本書無怨無悔的支持與配合。整個學年，師傅輔導來自加州大學柏克萊分校（University of California at Berkeley）師資培育發展計畫（Developmental Teacher Education program, DTEp）的實習老師，並開放自己的教室讓我們參與實習，同時每個月並會面討論一次，反省指導實習老師的甘苦。這些師傅是 Jamie Carlson，Glendi Henion-Ul，Susan Hodges，Lyn Bajai 和 Hazelle Fortich，以及在肯塔基州路易斯維爾（Louisville）的 Laura Ecken，由於他們的努力參與，因而充實了本書的內容。

至於那些提供本身的意見及經驗作為書中穿插對照比較的實習老師，他們分別就讀於加州大學柏克萊分校（University of California at Berkeley），加州州立大學薩克拉曼多分校（California State University at Sacramento），以及路易斯維爾大學（University of Louisville）。我們非常感謝他們能以開放的心

胸，和我們分享他們的經驗、成功、挑戰與洞見。他們對於自己實習的敏銳度及反省能力，無庸置疑可以保証：他們未來將會是傑出的師傅。

另外，非常感謝柏克萊加州大學師資培育發展計畫的主任 Paul Ammon 對我們的多方協助，他是一位心思細膩的指導教授，一直主持 DSC 的職前實習活動，而這個活動也就是本書鋪展的主軸。Paul 在書中提供了詳盡的建議，他也一直不斷地提供支持及指導，並讓 Marilyn Watson 在 DTEp 中教學與學習。此外，本書付梓之前的草稿，也承蒙他惠予訂正與指教。

本書的作者是 Marilyn Watson 和 Amy Schoenblum、策劃編輯是 Lynn Murphy、文字編輯是 Mark Woodworth、設計是 Allan Ferguson、負責印刷的是 Leigh McLellan、封面設計是視覺策略公司、攝影師是 Jim Ketsdever，在此也一併致謝。

有徒同行——
班級教師與實習老師建立一個良好的學習關係

第一章
教室的基本管理策略——溝通

如果我們對學生品德及社會行為的要求和對他們學業成績的要求同樣重視的話，就必須留意經營好班級常規，否則兩者是很難兼顧的。因此必須坦白告訴到班上實習的實習教師，必須先對班級常規經營下功夫，並讓「準老師」清楚知道「良好的班級常規是教師與學生共同生活的重要準則」。

班級團體精神的重要性

社會的進步有賴於協助年輕一代成為好公民，過著充實、圓滿而有創發能力的生活，並凝聚成社會的共同規範。特別在人類的民主社會中，這意味教育應具有：培養後代服膺與凝聚社會向心力的道德觀與價值觀的責任。

因此，無論學生在家庭教育中是否已習得這些人類共同的道德觀念，畢竟一個氣氛良好、或常規健全的班級，是幫助他們學習不可或缺的場所，可以促使他們成為負責任、有愛心的國民。

我們了解做為團體的一份子，必須學習理性地支持團體的價值觀，並以提昇團體成員的

福利為職志。另一方面，成員愈能感受到團體的關懷與符合他們的期望，他們就愈能認同自己所屬的團體，甘於遵守其價值與規範，進而成為忠誠的合作者。

通常在一個班級中，要做到成員都能受到尊重，彼此間又能以公平、仁慈相互對待，是一個很難實現的目標。教師不僅要把自我道德標準提昇至最高境界，同時對那些有時相當消極抗拒的學生，更要教導他們正確的方法及態度－讓他們與人相處時，能做到行事坦蕩及關心他人的表現。因此，教師必須設計一些支持並增強該行為的特殊情境處方。

◆　　融洽的組織氣氛使眾多學生獲益

營造融洽的班級或學校氣氛既不是一件簡單的工作，更不可能不勞而獲，不過這些付出都是值得的。因為在融洽的環境薰陶下，培養學生良好品德的價值觀、感受、動機及行為的方法才能滋長，例如：經由學校和班級氣氛融洽涵養的學生，較能表現出對他人的同理心、關心他人、熱心助人學習、有助人及待人和善的動機、並公正解決與他人的衝突而不使

用暴力。前述好的行為是出於自動自發，而不是為了獲得獎賞，他們也比較不會有冒犯團體的違規行為。

其「品格高尚」意味著他們極力擁護社會的核心道德觀，換句話說，他們會愛人如己，明白他人的需要和感受，瞭解他人行為背後的道德暗示，有自控能力，並熟悉如何幫助他人。以上種種作為都是出於公平、仁慈、負責及誠信的本能，也表現出對他人的關懷。特別在不小心傷害到別人時，品格高尚的人會盡力修復或者補償因他而造成的任何不愉快，其根本不是害怕受罰，也不是報酬的誘惑，他所關心的是他人福利的受損，以及自我道德觀的信念與堅持。

◆ 級任教師能得到許多情感的回饋

班級的生活型態提供無數的機會，讓學生們可以學習良好的道德觀及行為習慣，並加以實踐與應用。但是要利用這種情境脈絡的便利性，為人師表需要付出相當多的時間及精力；此外，辛苦付出可能既得不到支持亦不討好。基本上，教師皆承認自己是扮演協助學生學業

成就表現的角色，但很少人知道他們在學生的社會行為及倫理道德的發展上，也扮演關鍵性的角色——不要以為忽略它，教師就可以對學生這方面的發展撒手不管。

經營道德與常規良好的班級，教師要與每個學生建立交流的情誼，亦同一般人與人之間的情誼一樣，那份情誼需要用心維繫。學生亦以同樣的情感回報，因此一顰一笑都拉扯著教師心絃，常留心中，永難忘懷。通常在這樣的互動關係下教學，將會帶給教師豐盛的回饋。

如能建立互動的師生情誼，將班級氣氛營造如同「家」一般的教學方式，教師與學生一起合作學習，以協助學生進入最佳學習狀況、自我適性的發展。大部分的老師都同意，與其採用命令、威脅或賄賂學生，強迫他們遵守根本無法「內化」的外在行為規條，不如和學生共同參與學習，會更有成就感。

教師凝聚班級團體精神的能力

為了營造一個良好常規的班級，實習老師首先要學習的是什麼？基本上，他們要先了解

教學本身就是一種修身養德的行為(a moral
act)。因此身為教師，他們必須確信自己扮演
的角色，不只是協助學生智能發展，同時亦得
兼顧他們心靈的發展。但是在實際運用上，教
師必須充實自我，才能使教職工作勝任愉快，
營造一個既安全、溫馨又有挑戰性的教學環
境。

　　假定實習老師的目標是營造一個公正又
溫馨的學習環境，讓學生在那個環境中能安心
實行大家共同應遵守的規條，並從中體驗到有
意義的學習經驗，那麼實習老師必須努力充實
自己，讓自己至少符合下列四項能力，才能勝
任愉快：

1. 與學生建立基本的互動關係

2. 在班級中建立權威及掌控力

3. 班級常規要簡單明瞭且前後一致

4. 確保每個學生都能享受學習

　　有關此四項教師必備能力的推展實例，請
參見本書最後附錄的「教師反省札記」，雖然這

份反省札記不是專門為本書設計，不過在裡面包含許多關於師傅和實習老師用來營造溫馨班級學習環境教學實習的實例，正好可以利用此部分來加以評估成效，同時，它也可以作為你和實習老師「共事」的參考資料。

◆　與學生建立基本的互動關係

為讓學生有一個安全的學習環境，使學習過程無後顧之憂，學生必須知道他們的教師不僅是班級團體中的成員，也是班級中的領導者；換言之，身為領導者的教師應該關心學生，並以他們的生活及經驗為主，彼此能互相分享與交流。此外，對實習老師而言，一個班級的人際網絡中，他要清楚了解自己所具備的特質及應扮演的角色，同時要跨越階級、族群、語言及人格所形成的藩籬，與每位學生建立互相依恃的關係。

◆　在班級中建立權威及掌控力

在一個溫馨的學習環境中，學生應學會對自己的學業和行為表現負大半的責任。其次，他們還要體會到，代表權威的教師，也會確保

班上的每個學生，都能在安全無虞的環境中學習。所以，不論情感上、或身體上，一旦學生確信自己不會受到傷害或受騙，他們才能專注於學習。所以一個實習老師最大的挑戰是：在班級中建立權威及掌控力，同時又能兼顧形成一個使學生感受到安全又公平的學習環境。

◆ **班級常規要簡單明瞭與前後一致**

每個學生必須瞭解班級團體運作的常規，並確信那些常規是公平的，且前後一致適用於班級生活當中。實習老師可以藉著闡述班級常規，協助學生建立正面的人際關係，同時鼓勵他們運用那這些常規與同儕交往互動，為團體引進合理的民主原則。因此身為學生的楷模，實習老師必須熟知這些常規如何應用於教學上，並努力將這些規條及常規融入自己每天的生活習慣中。

◆ **確保每個學生都能享受學習**

如果課程設計活潑有趣、適切又具有挑戰性，加上允許學生利用個人的背景及先備經驗為自己的學習做選擇，這個班級中的學生不論

對知識或社會行為學習的精神，必定是高昂的。實習老師必須學習如何激發學生學習和發現其內在動機，且能夠運用各種學習理論與教學技能，並透過組織化、系統化應用到實際的班級教學當中，以確保每位學生都有學習的機會。

◆　培養即時反應的能力

不論受過完整的訓練、或企圖心特強的教師，沒有一個人敢說他在踏進教室前，就已經具備全部井然有序的教學技巧。事實上，如要獲得這些技巧需要時間的演練與「精熟」，以達到某種程度的「即時反應」。其實那種反應不是所謂不經大腦思考的反射動作，而是在生氣蓬勃、複雜多變的班級環境中，能瞬間對不同情境脈絡的學生做出快速且前後一致的決定或回應。因此，實習老師首要學習的課題，就是這種能針對不同情況在極短的時間內下決定的能力；他所下的決定，除了要讓學生心悅誠服外，而且不違背班級常規。那些都需要實習老師投入時間，不斷地練習，才能磨練出這種精準、純熟的能力。

　　其實身為實習老師的師傅,都已具有數年的任教經驗,能夠掌控教學的流程與流暢性,如能運用這項優勢的經驗,可以協助實習老師瞭解這四項能力是初入教室時的重要標的,盼望在每天班級活動中運作這四項能力,並仔細反省自己在每一項能力中的進展。師傅也須扮演協助實習老師察覺到自己逐漸具備敏銳的觸角,能辨識出機會教育的時機,並能儘快適當地給予以回應。倘若師傅累積與實習老師相處的經驗,應該協助實習老師體會「每一個情境都是獨一無二的」,教學上絕不可能有什麼神奇魔罩、或放諸四海皆通的準則,雖然不論每個案例看起來多麼相似,卻都沒有一個固定的標準答案。因此,如何協助實習老師在看起來毫不相干的案例中,找出其潛藏的相似性,如此的訓練與學習的過程是相當耗費唇舌解釋的,但卻也是師傅能否有效指導實習老師的最大考驗。

　　「教學」這件事最令人驚異的是,總是有一千零一種不同的方法可以用來回應任何的情境。教師應全盤掌握每一種方法,而不是每次都用同樣的一招,卻期盼事情或問題能自行改善。(師傅)

28

第二章
師傅與實習老師的互動關係

當擔任實習老師的師傅時，他的身份是多重的：有時是行為的典範、教練、觀察者、問題解決者與老師，有時又是朋友的角色。其實能與實習老師共同工作，令人既感精神振奮、生活充實，卻也要付出相當的時間與精力。當師傅接納一位實習老師到班上後，意謂著本身必須撥出時間，不論是平常安排、或額外挪出的時間，和徒弟討論教學計畫、反省、思考、分享觀察心得，並隨時提供回饋指導。

對實習老師而言，加入你的班級也需要經過調適的過程，不只要調整自己去適應班上的學生、師傅的教學風格，很可能本身也是新來乍到這個學校，需要適應學校已定型的組織文化。

更複雜的是，在實習老師和師傅之間，本來就有一種不等的位階。師傅雖然會保持心胸開放，接納實習老師可能帶來新觀念及創見，並放實習老師在對等的地位上，隨時針對實習老師的研究報告及輔導策略和師資培育機構保持交流，但師傅和實習老師還是處在不平等的地位。身為師傅者要有本事分辨出兩者間的不平等，並接受隨之而來的責任，竭盡所能地

爭取一個互助互重的合作關係，如此才是影響師傅與實習老師合作共事的關鍵原因。

　　另一方面，實習老師也必須認清與師傅間的關係是不平等的，要遵從師傅訂的班級常規，或任何有關班級、學生事務裁奪的權利。換言之，實習老師在班上扮演類似客人的角色，必須盡自己的工作義務，支持師傅的權威和價值觀。

　　在下列圖表中，師傅和實習老師提供了許多他們的經驗，有關正面的、負面的、困惑的或不安的都具備。將這些資料整理成表，不但能幫助師傅回想為何承擔輔導實習老師的責任，而且也協助師傅與實習老師產生歧異時，能直言無隱，又不失感性的協調解決雙方的問題。

　　如果身為師傅者如果也曾經有過實習的經驗，那就佔了更大的優勢－他可以從雙方的觀點來看待下列的許多實例：

師傅獲益之處	實習老師獲益之處
實務協助	**實務協助**
• 對學生及學習情境提供另一種看法。 • 實習老師可以貢獻自己特殊的專長及心力與班上學生分享。 • 學生多了一位指導老師。	• 有一間實際演練教育學的實驗室。 • 有一間學習班級經營的實驗室。 • 有人可以協助分擔重擔。
專業後援	**專業支援**
• 強迫自己重新釐清教學目標,並重新自我評估。 • 為教學注入新概念與新思維。 • 教師可由師徒制的傳承中獲得回饋及成就感。	• 有一位資深的指導老師。 • 有一位後援的指導老師。 • 有一位共同學習的夥伴。

對師傅的挑戰	對實習老師的挑戰
專業上的挑戰	**專業上的挑戰**
• 如果學生因實習老師之故所學不足，師傅還要進行補救教學。 • 如果教學策略與實習老師有所衝突，要商量解決之道。 • 如果學生因實習老師感到不適，須要適時地介入。	• 像是別人教室裡的客人。 • 如果與師傅的教學策略有衝突，需要商量解決之道。 • 專業權威受到損害。
切身的衝突	**切身的衝突**
• 覺得自己受到批判。 • 面對與學生間關係改變的事實。 • 肩負重責大任，要坦白給予實習老師有建設性的回饋，不管他是否聽得下去。	• 覺得自己的理念受到排擠。 • 面臨「比較」的競爭。 • 必須設法問到中肯的問題，並能得到有效的回饋。

師傅獲益之處

　　雖然上述要點之間的差別有時不是那麼明顯，不過對一個實習老師在班上，不論從實習老師能提供的實務協助、或專業支援來看，對師傅而言都有相當的助益。

實務協助

➢ 對學生及學習情境的提供另一種看法。

➢ 實習老師可以貢獻自己特殊的專長及心力與班上分享。

➢ 學生多了一位指導老師。

專業後援

➢ 強迫自己重新釐清教學目標，並重新自我評估。

➢ 為教學注入新概念與新思維。

➢ 教師可由師徒制的傳承中獲得回饋及成就感。

　　大多數教師大部分時間是一個人面對一個班級，現在來了另一位專業的實習老師到班級上，不僅多了一個人來關懷班上的學生，也多了一個人與他們互動學習，這無疑是一件開放班級的好事。

◆　對學生及學習情境的提供另一種看法

　　一般而言，師傅很樂意班上多了一雙眼睛、一對耳朵，幫助他注意個別學生的需求及困難所在。但若無善於觀察的實習老師能協助師傅提昇班級的活力，學生的活力很有可能被埋沒。

　　在家長來接學生之前，我的實習老師通常會幫忙分發他們上課的作品。他注意到有一個小女孩從來都是兩手空空的回去。像這種事情，我根本無暇顧及，因為我總是忙來忙去：「你要的是這個嗎？不是？好，下一個。」「這是誰的？」「好。」「再見！」他來問我有沒有注意到：嘉惠沒有帶任何作品回家？然後我決定找嘉惠談談，看看能不能搞清楚這是怎麼一回事。

雖然最後真相還不是很明朗，不過我不再
催促她把作品帶回家，相反地，我在教室
中挪出一個小位置讓她放作品，她也很高
興。但其他學生也不認為這有什麼大不了，
因為只要他們想要，他們也可以留下自己
的作品。要是沒有實習老師的幫忙，我還
真有可能忽略了這個小女孩。（師傅）

　　我班上的女孩似乎有點急躁，不過，
我無法多花心思去思考，幸好，我們班的
實習老師秀玉總是習慣與學生在自助餐廳
吃午餐。她親眼目睹一件意外，証實了她
長久以來的懷疑：班上的一個女孩瑞雪正
積極地破壞其他同學的友誼，並利用與別
人結交或絕交的方式來控制其他人。尤其
當秀玉替我指出這點之後，我才猛然醒悟，
我也看過類似的情形，不過我從未把它們
聯想在一起。現在事實擺在眼前，我就能
出面阻止瑞雪這種行為，並幫她找到結交
朋友更有效的方法。（師傅）

◆　實習老師可以貢獻自己特殊的專長及心力與班上學生分享

如果班上的實習老師在某方面有特殊的專長或興趣，而且肯花額外的精力將它設計應用到教學計畫中，其實受益的將是學生。

當我們上到人體和五官的功能時，我們的實習老師擺出五張桌子，上面放了她所收集的有關五官的教具，並讓學生一一去體驗五官的功能。所以在聽覺體驗的桌上，擺著她在家裡錄的各種聲音，學生必須仔細聆聽，並記下自己所聽到的聲音；在觸覺體驗的桌上，她擺著各種羽毛、砂紙、以及小小塊、光滑的石塊。學生必須分組由此桌到另一桌，親自去體驗。看著這些小東西變得栩栩如生，是多麼有趣的經驗啊！（師傅）

我們的實習老師和學生們一起把整個教室改造成一座繁複的熱帶雨林—這個教學設計，如果以我個人的力量，是不可能完成的。（師傅）

◆ 學生多了一位指導老師。

任何一個老師不可能有足夠的時間照顧到班上的每個學生，但是班上若有個實習老師，就多了一個人手，因而可以照顧到更多的學生。

這個學期開始時，我們的實習老師主動要求，要我把班上五個閱讀能力較低的學生交給他，由他來進行個別測驗，因此我則可以專心的對其他學生上課。這種安排讓我在需要有關這些學生的資料時，能適時提供深入的訊息。（師傅）

在我還是實習老師的時候，班上有一個學生，對於和別人共同合作學習及建立同儕情誼有點問題。每天忠信都來問我，休息時可不可以留下來陪他，雖然我不介意和他同處，不過一開始我是很不情願的，因為我懷疑他再這樣待在我身邊，何時才能在班上交到朋友呢？所以我要他邀請幾個同學一起過來—如此他就會有一小群自己的同伴，我也可以協助他與同伴多一點互動。一段時間後他終於瞭解到朋友的意

義，開始與同伴一起去上音樂課，並體會
到結交新朋友的快樂，正如學會操作新樂
器一樣。（實習老師）

　　一個毫無經驗的實習老師能為師傅提供
專業的支援，這個觀點有時常被忽略而未加注
意。然而，確實有許多事情可以提昇師傅的專
業能力，如實習老師帶來的新觀念、師傅要扮
演模範典型的責任感，以及體驗到自己有能力
幫助別人成長的回饋。

◆　強迫自己重新釐清教學目標並重新自我評估

　　師傅必須對實習老師解釋從事某項教學
實作背後的理由——其實許多理由師傅可能
早已視為理所當然，趁此機會師傅可以重新評
估自己的教學，並讓自己將焦點更清晰的集中
在：想要學生學到的是什麼？以及如何知道學
生確實達到所要教學目標？

　　這種感覺真的很棒，我必須對自己每
天的教學做自我評估，並試著展現我是如
何評量學生們的進展。事實上，這些工作

39

讓我精疲力盡，不過我可以說，我過得十
分充實。（師傅）

◆　為教學注入新概念與新思維

實習老師總是迫不及待的想呈現驗證所
學的新知，因此他可能是帶來課程設計與教學
新知的來源。

我的實習老師教了我許多有關鼓勵學
生寫作的方法，例如，我們班上的五年級
生對於提筆描述自己思想和感覺，一直都
很排斥，不過，他就是有辦法激勵他們表
達自己。首先，他要學生為自己的詩集設
計一本漂亮的精裝書，如此一旦完成了自
己的書後，他們就更迫不及待地想把它寫
得滿滿的。（師傅）

我一直以為讓學生「自由分組」是充
分授權給他們，我認為它是很多方法中的
一種，不過也是我讓學生們分組的唯一方
法。有一天實習老師問我，有沒有試過隨
機分組或替學生指定組別，才想到要仔細

斟酌，並發現到不同的分組方式可以帶來不同的效果。這時，我恍然大悟讓五年級的學生自行分組，很容易在班上造成小團體，於是我開始打散那些小團體，並協助他們學會如何與班上的其他成員共同合作。(師傅)

◆ 教師可由師徒制的傳承中獲得回饋及成就感

師傅指導徒弟，且看著他逐漸具備老師的樣子，逐漸與學生建立溫馨的關係，同時點點滴滴累積教學的技巧，無疑是一件充滿成就感的工作。因此身為師傅，除了負有輔導的任務之外，也會體會到對一個初任教師的成長貢獻一己的力量，是件多麼有成就感的事。

　　我的實習老師剛開始過得很痛苦，她一直努力學會做好班級經營，努力讓自己看起來有教師的樣子，而且努力建立權威感。因此，輪到她親自上陣試教期間，我和她在速食餐廳碰面，打算瞭解她最近試教得如何？當我們在談話時，有一個別班

三年級的學生從我們面前跑過，她馬上轉身把那個學生叫住，要他回去重新再走一遍。由此可見，她已有足夠的自信來糾正犯錯的學生，即使那個不是她班上的學生—如此發現實在令人興奮。（師傅）

我班上的學生喜歡躺著聽故事，不過，如果沒人在旁協助控制好他們的話，那不是一件容易的事。我通常不仰賴他們會自動做好，每次讀故事前，我會預先判斷自己是否有足夠的氣力協助「就位」。有一次實習老師試教時，我走進教室，只見每個學生都好好的躺在地毯上，聽著他講故事。顯然他曾下命令要他們「就位」躺好，在他講故事時，每個學生都互相尊重，不去打擾到其他人，而是安安靜靜地聽故事。我知道要達到這樣的效果他必定下了一番苦功，其實能有這麼好的成果他一定很有成就感。（師傅）

我的師傅是我的好典範，她用的教學策略，很多都還讓我運用到目前的教學上。我盡力事事做到公平，召開班級會議，每

週選出一個「本週之星」當模範生，安排時間讓學生可以彼此心得分享—在她的班上，讓學生有時間彼此分享，似乎是很重要的事，所以我也在我的班上實行。而且她對學生的學習一點也不馬虎，那是她絕不會妥協的一件事，所以，我也努力把她的教育理念在我班上推行。（初任教師）

對師傅的挑戰

如師傅獲益的分類相關，此處將相關的衝突分成兩大類：其一是挑戰專業領域的衝突；其二是牽涉到師徒相處時切身發生的衝突項目。

專業上的挑戰

➤ 如果學生因實習老師緣故所學不足，師傅必須進行補救教學。

➤ 如果教學策略與實習老師看法衝突，應商量解決之道。

➢ 如果學生因實習老師介入感到不適，需要
適時的介入。

切身的衝突

➢ 覺得自己受到批判。

➢ 面對與學生間關係改變的事實。

➢ 肩負重責大任，要誠懇給予實習老師建設
性的回饋，不管他是否聽得下去。

就定義而言，「實習」就是要實習老師親身
操練如何當個好老師。在一般過程中，他們總
是花掉太多時間來做某些活動，無法妥善掌握
某些活動所需的時間，因此，大錯小錯不斷產
生，有時甚至把教室搞得雞飛狗跳，讓學生煩
燥不安。一旦上述情形發生，無論師傅是否當
下採取行動，或者事後進行補救，都可能造成
師傅和實習老師間緊繃的情緒。

◆　**如果學生因實習老師之故所學不足，師傅還得對學生進行補救教學。**

要求實習老師在教學上和師傅一樣有效率，是相當不合理的想法。因為對實習老師而言，「知道怎麼做」和「做得到」是兩回事。尤其看到自己的學生因實習老師緣故而學習進度落後，師傅難免會感到不安，有時不得不迫使師傅負起補救教學的責任。

我儘量保留充裕的時間，讓實習老師自己安排所教的課程。有一個實習老師，對於以學生為中心的活動設計，以及讓學生自評的方式，掌握得不是很好。其過程似乎顯得比所有其他的事還重要，以致她最後沒有辦法掌控自己的教學目標。雖然她很努力教學，不過她沒有發現整堂課已瀕臨四分五裂的狀況，致使學生的工作效率低落。當看到自己學生的工作效率降到程度以下，特別同學間爭吵不休，真讓我難以接受。（師傅）

對我而言，實習老師在講台上教學進行的步調真讓我頭痛：比如說，只花我 45 分鐘就可以上完的一堂課，交給實習老師來教，卻要花掉幾個小時的時間。除此之外，隔天我還要另外挪出時間請他來將整堂課做個總結。（師傅）

◆ 如果教學策略與實習老師有所衝突，要商量解決之道。

實習老師與師傅間因教學方式的迥異處，是造成彼此關係緊張的起源。有時，此相異處若只在於教學風格的差異，這時師傅可能會選擇順其自然，不加干涉；不過，有時候雙方教學方式的扞格，已經造成學生無所適從，師傅無可避免的要和實習老師協商出一個可行的模式。

我們班的實習老師對於引導學生獨立默讀感到很困難，或許那是因為他不知道默讀的好處。我想當學生進行默讀時，教師可以趁機從旁觀察學生，並將他們閱讀能力改變的情形記錄下來。但是我的實習

老師的做法不一樣，他讓學生坐在他的膝蓋上，為他們高聲朗讀故事。他說小孩子在家很少有機會這樣聽故事，這樣說是沒錯，而且小孩們也很珍惜這種備受寵愛的機會。不過我讓他們默讀的目的是為了測出他們的程度到那裡？會不會自己選一本書，從頭看到尾？會不會翻頁，由左翻到右？會不會順著故事讀下去？能不能長時間坐著看一本書，或者只是拿了十本在手上，卻沒有一本好好的看上一眼？所以我拿一塊寫字板給實習老師，要他在默讀課時好好的觀察，並記下每個學生的一舉一動。我的目的是讓他能更稱職的扮演觀察者的角色，並改掉他在默讀課時為學生大聲朗讀的習慣。（師傅）

　　我的實習老師對噪音的容忍度遠比我還要高。一開始，我覺得她上課時學生變得鬧哄哄的，發言也不按次序來；不過觀察久了我才發現，他們不是在吵鬧而是太專心、太投入才會「忘形」。然而，學生在上我的課時，都知道要安靜一點，因為我事先告訴他們，即使實習老師可以容忍你

們上課發出聲音，我可不行，那會讓我頭
痛耳鳴。後來我們各自相安無事，因為我
和實習老師的最終目標是一樣的，她尊重
我的立場，了解這是我的教室，而且她瞭
解我這麼做是有理由的。（師傅）

◆ 如果學生因實習老師感到不適，須要適時地介入

當實習老師在班上時，師傅一方面要顧及
實習老師處在班上的權威性；一方面又要負責
讓學生能在安全的環境中學習，但有時兩者可
能會顧此失彼。一般而言，師傅最大的期望莫
過於信任實習老師，希望他能在教室中避開危
險或不利的教學情境，順利地進行實習。有時
師傅的介入或許會嚴重傷害實習老師的權威，
然而不得已時，也必得介入。

對我而言，我是按部就班，一步步地
導引實習老師整個的學習過程。後來實習
老師真正上場教學時，我們之間的關係就
開始緊繃起來。在此之前，我們聊得很愉
快，也建立了良好的人際關係，一切似乎

48

都很正常、很上軌道。突然之間，在她真正上台試教時，我才發現教室中所發生的一切根本說不上理想，我不知道怎麼辦？使我無能為力的是：集中實習是她關鍵性的日子—她不是做得很好，就是搞砸了—但是如果我不偷偷地介入，她怎麼會知道自己的問題呢？此刻，教室已經變得極不安全了，學生打架吵鬧，桌椅被推來撞去，包括她在內，每個人都很不好受。現在我瞭解，以後帶的實習老師再像她一樣的「麻煩」的話，為了我對學生們責任，我必須義無反顧地介入，而不能讓學生處於一個可能有危險的環境裡面。（師傅）

有一年，我真的很愧對我的學生；那時，我覺得自己應讓實習老師有親身獲得教學的體驗，所以放手任她教，但是如此的方式卻漠視了學生的權利。我想，一個師傅在開學的第一天就該跟實習老師說清楚：「教室內的學習應以學生為優先。」（師傅）

　　在師傅和實習老師的關係中，師傅必然佔有專業的優勢。師傅可能因實習老師的某些緣故，做出不當的個人反應，不過，這些反應總應以學生的學習利益為前提。可是難堪的是，有時師傅可能發現自己的過度反應，竟然是因有點嫉妒實習老師與班上學生的關係，或者是發現自己對實習老師是「說一套，做一套」，因而不想對他們那麼好的緣故。

◆　覺得自己受到批判

　　師傅難免會受到實習老師的批判，其實每個人只要回想一下自己實習的那段日子就可以理解了！

　　　我拿出以前寫的一些日誌，翻開我開始實習的那段日子，哇！日誌上面密密麻麻的，都是我對當時的師傅的批判─現在我卻覺得那位老師是我所共事過很傑出老師當中的一位。不過記得當時一到班上，我心裡一直想著，看起來多像軍隊教育。記得那一班是四年級，那所學校惡名昭彰，學生大部分來自貧民窟或有過犯案前科的

家庭，那時我很自以為是，以為只有我才知道他們真正需要的是什麼，然而，我所有的不過是不切實際的理想主義罷了。（師傅）

班上的實習老師和我的信念有天壤之別，她一直在批判我，我甚至可以感覺到她心裡正對自己說：「我才不會像她那樣做，我不會點名罰任何一個學生，我才不會管得那麼嚴格。」我想她很瞭解我是愛學生、關懷學生的。但在她的眼中充其量我只是那種精力充沛、出發點良善的老師而已，實際上卻完全不瞭解自己的學生真正需要的是什麼。（師傅）

◆　面對與學生間關係改變的事實

跟一個實習老師共同經營一個班級，對教師與學生間師生關係的發展是有礙的，即使實習老師需要為自己和學生間建立正面的互動關係，但在相處的過程中，有時不知不覺會損害到師傅和學生間原有緊密的關係。

◆ 肩負重責大任，要坦白給予實習老師建設性的回饋，不管他是否聽得下去

當實習老師犯錯，需要時間加以指導與建設性的回饋時，可能會讓師傅覺得很為難，畢竟他是那麼得力的一位夥伴，特別光是想到如何「起頭」，就夠讓為人師傅者頭痛了。因此，師傅無可避免的挑戰是，在實習老師做得不夠好時，如何坦白告知、又能讓他明白師傅是出於善意，希望他能愈來愈好。

我有一個實習老師，她總愛在不恰當的時間拉著或抱著班上的小朋友。有時我會以熄燈來代表『肅靜』，結果實習老師她不曉得，還抱著某個小朋友在那裡搞不清楚狀況，甚至問東問西的。她這樣的動作使我無法把整個班級帶入下個活動，我覺得很困擾，卻無法向她說清楚。當我熄燈時，我希望她能幫我把整個班級帶入下個活動。後來我花了很長的一段時間，才讓她明白我的需求，因為我不想說得太直接，所以大部分時候，我談的都是小朋友比較多，或對全班說諸如此類的話：「來，現在

大家要互相幫忙哦！」現在我知道當初我
應該直接對她解釋，讓她瞭解我要的目標
是什麼？以及她怎樣做可以幫助我。(師
傅)

　　有時在觀摩一堂課時，我會注意到整
個學習品質低落，學生心浮氣躁—他們動
筆的時候少，動嘴的時候多，他們的心思
已經不放在學習上，甚至舉動粗魯。很明
顯的，這些實習老師沒有掌控好自己的教
學水準。但是，你該怎麼說呢？有時不是
那麼簡單就能開口問:「對自己的表現你滿
意嗎？」(師傅)

　　如考慮到諸如此類的種種狀況，因此建立
積極正向的良好關係，及早訂好彼此認同基本
原則是很重要的—不只是為了學生和實習老
師的互動，師傅和實習老師也是一樣。所以只
要基本原則能暢行，師傅在指導實習老師的過
程，將在教學領域範圍獲得無比的成就感。師
傅的坦率直言與回饋對實習老師而言其意義
是非凡的，也可能影響實習老師日後教學生涯
中至深且鉅的唯一因素。

實習老師獲益之處

　　雖然實習老師了解，師傅為他調整自己的角色，讓他分享在班級中的權威，不過他可能還不是很清楚，師傅把自己的班級讓給別人當成學習的實驗室，對師傅來說的真正感受是什麼？而實習老師獲得的實質益處，就是有一個真實情境的實驗教室；有一個亦師亦友的有經驗教師從旁協助指導，使個人在教學專業獲得成長。但是許多實習老師一直要等到日後真正進入「帶班級」的教學生涯時，才能完全領會這項益處。

實務協助

➢　有一間學習教育學的實驗室。

➢　有一間學習班級經營的實驗室。

➢　有人協助可以分擔重任。

專業支援

➢　有一位資深的指導老師。

> ➢ 有一位可當支援的指導老師。

> ➢ 有一位共同學習的夥伴。

實習老師在師傅的班級中，可以在班級現場看到實際的教學過程，以及班級經營策略的應用；他可以親自試驗師傅的技巧並將之奉為圭臬，或試驗自己的教學理念。而且，只要他們對自己的想法感到不確定時，都可以隨時請求師傅協助釋疑、重新設計或安排試教的課程。

◆　有一間學習教育學的實驗室

大部分的實習老師都學了不少的學習理論，他們要做的是如何在實際現場中將所學理論彙整起來，特別在師傅的指導下，將學到「怎樣教」才是有效的教學，並且能夠觀察與反省到為什麼那樣教會比較有效。

上課時，我一定為學生設計可以動手操作的知識，不只符合他們的興趣，而且是他們目前最迫切需要學的。因此可以這麼說，課程活動愈能讓他們實際操作，教

學成果會愈好。而且，我上課時，總是儘量模仿我的師傅，並把我看到他使用過的教學策略拿來應用。（實習老師）

我的師傅交給我一本書，那是他打算在班上朗讀給學生聽的，他要我把它讀熟。他說不是因為那本書有多特別，而是不論我們是要為全班朗讀故事，或是推行某項活動，在要求學生回應前，自己要先遵守一個基本原則─先熟練它。我發現這點極為重要，不只是因為如此讓我對於要教學的材料有充分的準備，讓我能預期那裡會出現疑點，還意謂著我能循著學生思考的路徑，探詢他們上課時的思路歷程。（實習老師）

◆ 有一間學習班級經營的實驗室

實習老師可能要花掉數年的時間才能將班級經營做得好；不過，如果跟著師傅學習，他的班級經營方式可以一目了然地呈現在眼前，似乎學習過程可以更加神速。此外實習老師想要嘗試一些相同的教學策略，也可以很容易從師傅那裡取得有關的資訊。

　　我的師傅有時會抓住時間，解釋一、兩句有關他教學的理念，從中我學到很多。「我這麼做是因為我要他們知道我是很公正的」，或「對於該情況我這麼做是因為我知道這兩個小朋友，以前對小組工作有過不合群的記錄。」能夠知道他所作所為背後取捨的原因，讓我更佩服他的教學能力。

　　我的師傅鼓勵我在實際讓學生參與小組教學活動之前，應該先協助他們做好團隊合作的準備工作。所以每一次在我即將帶領學生小組活動，要他們充分合作前，我先召開一次班級會議，並叫一個學生和我一起扮演示範角色，讓其他人知道這個活動該怎麼玩。例如，上數學教具操作課時，我們找出可能的問題點先示範，並討論這麼做感覺如何？是否還有不同的做法可供選擇？此種方式的效果很好，學生們踴躍發表，對於怎樣才能讓小組充分合作提出很多看法，避免只有我一個人在教室對他們訓誡：那些事情該做？那些不該做？（實習老師）

即使我和師傅原本就有相同的教育理念，跟著她的那段時間，更讓我在細節上做了一番調整。她是一個為自己理念而活的人，此話千真萬確。我跟她學到了互動的模式，每天該對學生上什麼課，每天她怎麼幫學生思考如何才能做到公平，或如何做小組才能團隊合作一不論是防患於未然，或正當問題發生時，這些話題都是她每天的功課。我更是學會模仿她的做事方法，學她怎麼和學生共同合作、解決問題。因此他日我上台教書時，也會照她的方法進行教學。（實習老師）

◆ 有人可以協助分擔重擔

師傅對實習老師是一個很重要的安心丸，讓他知道在需要時，隨時有個人能及時伸出援手，幫他處理教學上各方面的問題；特別在他快要對學生的行為招架不住時，師傅能出面制止那些越軌的學生。

我要學生們做採訪同伴的工作，但是，在進行了短短 20 分鐘後，只有少數幾組完成訪問，同時開始做記錄。因此我沮喪得

不得了，因為這堂課在星期四，下次再上
課的時間在下星期二，我相信等到下次上
課時，大部分的小組都已經忘了自己曾講
過什麼了。值得慶幸的是，師傅和我每天
放學後，都會留一點時間反省討論當天的
流程，他知道後建議我在隔天把整堂課完
成。(實習老師)

師傅除了在教學實務上可以協助實習老
師之外，還可以將個人的專業素養支援他們─
因此既是他們的導師，更是夥伴。

◆ **有一位資深的指導老師**

實習老師和師傅之間，常保持著一種獨特
的、師徒相輔相成的關係。在這樣的安排下，
實習老師可以向比他資深的專家直接學習；同
樣的，師傅也可藉此機會參與師資培育的工
作。

我走進教室開始上台試教，秉持的是
建構主義的哲學理念。上完課走出教室，
整個人精疲力盡，但是，把我的理念融入
教學中的決心，卻更為堅定。如果我學到

59

一些事情的話，那就是更加確信民主式的、學生為中心的班級經營是可實現的、重大的目標。尤其在師傅的協助下，我嚴苛地剖析試教的每一個部分：學生互動的情形、提問技巧、教學活動設計及課程安排等等。在某些方面，這次試教的結果和我設定的理想相去甚遠，但是，我堅持實現理想的信念絕不動搖。（實習老師）

從我的師傅與她們班上的學生互動的情形，我總算親身經歷到在教室中怎麼教導尊重。她總是為學生保留自尊，讓教室變成一個充滿光明希望的地方。可以看得出來，她的學生是很活躍的一群。她對他們有信心，相信他們都會步向光明。我總是聽到她說：「這是你的機會，你這麼乖巧、這麼伶俐，一定可以做得到。」由學生的對話中，你可以體會到，他們會把教室中所學的那一套帶回家中、鄰里間應用，用他們在班上學到的，幫他們做出正確的決定。（實習老師）

◆　有一位後援的指導老師

有時師傅最吃重的工作，應該是適時對實習老師付出友誼的關懷與支持。在實習老師步上真正的教職生涯時，走在顛顛簸簸、四處碰壁的路上，若能得到這樣的關懷，他們會由衷的感到安慰與慶幸。

我完全不怕嘗試錯誤，只要有錯可以重來，或重新思考解決的辦法。我的師傅全程支持我，讓我可以嘗試新的想法。他放手讓我嘗試，而且從不對我的做法妄加評斷。（實習老師）

她是一位溝通大師，我深深體會到，像她這樣的人，既可以當朋友，也是事業上的好夥伴。（實習老師）

◆　有一位共同學習的夥伴

師傅也可以是陪伴實習老師共同學習成長的好夥伴。在這種關係下，師傅不只是指導實習老師學科教學與經營班級的技巧，同時亦教他成為學校中學習夥伴的技巧。

看過我的師傅引導班級會議的情形，逐漸解開了我對這類型會議的疑惑，不過，它引發的連鎖效應還不止於此。我和師傅開始深入探討有關「班級重組」的議題，因為我們兩個對這個議題都還很不熟，她儘量讓我分享她所知道的，任何建議及訊息她都樂於接受；我則滿懷期待，希望能跟她一起探討班級會議這個議題，探討它們應用到我們班上的可能性。(實習老師)

對實習老師的挑戰

實習老師和師傅本質上是處於一個「不平等」的位階：實習老師缺乏「經驗性」的教學理念，但具自信的個人特質，這些表現常在實習工作上受到考驗。跟師傅一比較下，他在班上很容易感覺到不論在教學專業或個人特質上都輸了一大截。

專業上的挑戰

➢ 像是別人教室裡的客人

> 如果與師傅的教學策略有衝突，須要商量解決之道

> 專業權威受到損害

切身的衝突

> 覺得自己的理念受到排擠

> 面臨「比較」的競爭

> 必須設法問到中肯的問題，並能得到有效的回饋

又自覺在班級中，師傅覺得自己是全職的主人，因而感受到壓力頗大；實習老師同樣則為自己處於客人的地位感到尷尬。有些時候，他們甚至覺得自己的專業知能受到貶抑。

◆　像是別人教室裡的客人

實習老師如果覺得自己只是師傅班級中的訪客，或暫時的成員，他可能會感到侷促不安，甚至倉皇如驚弓之鳥。

我認為當實習老師最難的部分，是自己會覺得要去迎合師傅，達到她要求的程度。因為那是她的班級，我不想做得讓我們彼此不愉快，也不想讓學生不愉快，總之就是不想搞砸它。（實習老師）

特別令我沮喪的是，在一次試教選擇有關文學作品時，在沒有充足的時間好好凝聚整個班級向心力的情況下，我採用討論的方式進行活動。雖然我的師傅很注重、很照顧班上的學生，不過她平常沒有認真按部就班地訓練好他們的道德常規，所以即使她很開放，放手讓我自己設計這些活動，但還是沒有辦法。最後的結果只是白忙一場罷了（實習老師）

◆ 如果與師傅的教學策略有衝突，要商量解決之道

不管某次試教的成果多好，在實習的過程中若有衝突，對實習老師而言都可能是成功的絆腳石，但很少有人能輕描淡寫地消弭這些衝突。

　　我的師傅很仰賴獎賞和懲罰，所以輪到我上課時，學生們紛紛抗議：「你都不給星星，哪像我們老師都給我們很多星星呢！」所以我必須花很多力氣讓他們明白：他們可以信任我，即使我不給他們星星我也會對他們很好，很公正。（實習老師）

　　我覺得學生如果能一邊聽故事，一邊畫畫，對他們來說應該會有很大的收穫，不過我的師傅卻很不以為然。事實上他告訴過我，那種事他是不會去做的。他曾經看過別的班級做過，不過他不認為那種策略會有什麼效果。然而等到我接手上課時，我希望讓學生邊聽故事邊畫畫，即使我的師傅可能會對它嗤之以鼻也沒關係。（實習老師）

◆　專業權威受到損害

　　師傅掌握著教室權力的分配大權，也就是說他可以影響實習老師怎麼看待自己，影響學生怎麼看待實習老師。有時候，師傅會視實習老師角色的發展階段，逐步增加實習老師對教

學的權力；但也有可能，師傅介入實習老師教學的時機不當，因而不小心傷害到實習老師。

師傅給我感覺是，她的班上沒有什麼特別需要用到我的地方。她在班上介紹我時，也是平平淡淡的說：「她來陪我們到學期末，並在我身邊協助處理一些事情。」我獨立指導一個讀書會，那讓我學到很多，不過除此之外就沒有什麼我能自己做主的了。我常常掛在嘴邊的一句話是：「我這樣做可以嗎？我這樣做可以嗎？」我從來不敢率先行動、自作主張，那會讓我很不安。（實習老師）

有一次我上課時，我的師傅覺得教室吵得太不像話了，他二話不說地走進教室命令全班安靜。不過像那樣的噪音程度對我來說還好，而且我和學生早已達成共識那樣是可以接受的。（實習老師）

有些例子顯示，當實習老師面對師傅不公平地對待，有時可能要仰賴反求諸己的美德來自我開導。

66

◆　覺得自己的理念受到排擠

如果實習老師發現師傅不認同自己的理念，充其量也不過是感到沮喪罷了；但糟糕的是，有時發現教學理念根本得不到施展的空間。

有時我想嘗試某種方法時，可以感受到我的師傅其實認為那根本行不通。他會說：「嗯，好吧，讓你試一次看看。」其實有時試一次，通常跟我沒試的效果是一樣的。（實習老師）

在分組活動時，我發現某些組相處融洽、如魚得水，但是大部分的小組還是不行。我用盡心思與時間，想辦法讓學生們專注於這個活動，最後我的結論是他們還需要更明確的指導，才能學會如何與別人分工合作。雖然我的師傅承認學生們確實是遇到了難題，不過，他的結論是，他們根本不適合做分組活動，所以他決定不做分組，因為這種活動會讓他累得半死，而且會害他趕不上學校的課程進度。（實習老師）

◆　面臨「比較」的競爭

　　無論在嘗試與學生建立互動關係上，或是尋求教學活動設計的認同回饋上，令人困擾的是實習老師免不了會感覺好像在跟師傅進行比較與競爭。

　　我一到那裡就跟班上的學生很投緣，幾個星期後，他們黏著我聊天、問一大堆問題，比跟他們的老師還頻繁，我覺得這樣很傷師傅的心。然而雪上加霜的是，他生病請了幾星期的病假，到銷假回來時，情勢變得讓他更難以接受，我看起來好像才是這個班級正牌的老師。（實習老師）

　　在我還是實習老師的時候，有一次剛好上到有關火災的課文，我鼓勵小朋友寫信慰問附近社區發生火災的受災戶，當地的電視台不知從那裡得到這些信，廣播電台也紛紛打電話來問。對小朋友們來說，這是件盛大又令人興奮的事，然而我的師傅，在許多方面是那麼優秀的一個人，但只要有上台出風頭的機會，他總是一個人

獨享，完全不管他已經傷害到我—因此帶
小朋友參加廣播電台之旅的是他，電視台
派人來班上採訪時，也是他獨自受訪，我
完全被排除在外。（實習老師）

◆　必須設法問到中肯的問題，並能得到有效的回饋

不是所有的師傅在提供回饋時，都能直言
不諱。有些師傅只會說好聽的話，實習老師只
能聽到自己那裡教得好等等。因此，實習老師
如果覺得自己需要更多建設性的建議，如何措
辭開口才能得到中肯的回饋，也是一大挑戰。

我希望師傅能多給我一點指示，有時
候我的問題似乎多到讓他不勝其煩，最後
他只得說：「你要自己努力想辦法解決。」
他可能以為我是要他教我確實該怎麼做，
其實我真正要的不過是多一點助力，多一
些些支持罷了。（實習老師）

我自己設計教學活動，會先拿給師傅
檢查可不可行。我把自己的想法寫下來，
或和她徹底討論，她則會問一大堆問題，

69

指出那些地方可能會有困難，並提供相關
的資料來源及資訊，好讓我檢視自己的想
法，最後修正完後，我再請她看一遍。在
這樣的過程中，我不只學到活動的設計及
安排，還深深地感受到我們倆像是教學的
好夥伴。(實習老師)

師傅費盡了許多心思來協助未來的準同
事，卻仍有這麼多的抱怨，似乎有點不合情理。
不過，實習老師和師傅間彼此角力的內幕，實
在少有人能一探究竟。如果師傅能秉持著專業
的良知告訴他們，何者該改進？何者又該避
免？相信實習老師最後一定會心存感激、無以
為報。

第三章
成功的第一步

　　實習老師若能覺得他在實習班上是受歡迎的，他便能感受到班級團隊精神的重要性，同時也能瞭解師傅是如何達成班級經營的目標。當實習老師進入班級之初，師傅應和他進行適當的溝通，並介紹給學生認識與協助認識班級。如果師傅簡省了此一步驟，讓實習老師在班上覺得很不安，不知如何融入班級的話，未來彼此將會付出很大的代價。

　　我的師傅從沒想過跟我好好談談有關教學目標，或未來的期望什麼的，因此，等到我們想要開始時，已經太遲了。我們的關係早已固定僵化，他不知道我學到什麼程度了，我也覺得自己孤立無援，同時他也不知如何幫我。（實習老師）

打好基礎：迎新面談

　　大多數的師傅和實習老師都異口同聲地說，把兩個完全陌生的人，突然在學生面前硬湊成一對，甚至他們沒有時間彼此認識，或彼此分享對實習經驗的目標及期望，因此，天底

下再也找不出比這個更荒謬的事了。理想的做法是讓實習老師有機會到師傅班上觀察幾天，再決定彼此適不適合成為工作與學習的夥伴。

如果找到適合的夥伴後，接下的重點是，花一點時間聊聊，讓彼此有初步的認識，不論是學校排定的正式會談或個人非正式的閒聊都可以。有了這個初步認識，不僅有利於避免未來可能發生誤解；同時為將來彼此的溝通、相處與學習，奠定良好的基礎。不妨在談話間，師傅可以讓實習老師一開始就瞭解個人的立場：師傅是來幫助實習老師的，並且衷心地希望能和他建立一個雙向的學習旅程。

第一次見到我的師傅，就對她印象非常深刻。她一開口就說：「你知道，我是那種心裡想什麼，就說什麼的人。有時候別人很受不了我這種說話方式，不過，就從現在此刻開始，我要你知道：我天生就是這樣。以後無論我聽到什麼、看到什麼，我會直接跟你講，希望你對我也是有話直說。」（實習老師）

　　迎新面談中不論想聊什麼主題，聊天的過程是很重要的訊息來源，可以讓彼此瞭解對方的為人，有機會交流平常生活中的點點滴滴，尊重彼此是個獨立的個體，並慢慢建立共識。迎新會談還有一項重要意義，便是師傅可以趁機讓實習老師瞭解有關學校和學生的背景資訊，可以談談班級經營的目標與教學方式，以及對班級經營和教學的基本哲學、理念等等，師傅並且可以詳述對未來共同合作的期望及願景。

提供背景資訊

　　在迎新會談時，師傅可以試著這樣起頭：說說自己是怎麼決定踏上教職這條路的，到目前為止的教學經驗談，或者教書這個職業對自己家庭生活有什麼影響。如能用這種方式，藉著分享生活點滴以建立友善的關係，會讓實習老師更願意敞開心房，透露他個人的背景資料，將來有事、或有問題時，也較會主動來找師傅商量。

　　迎新面談時，實習老師也可能想瞭解學校的狀況，包括學校對於學生、教學和學習的基

本理念，教職員工間的互動情形，家長熱不熱心參與教學等等。不過，他最感興趣的可能會是，師傅對整個班級及個別學生所做的整體描述，以及師傅對班上學業成績、社會行為及倫理生活的要求標準是什麼。

分享目標和哲學理念

既然討論到學生，很重要的是師傅應盡其所能的，讓實習老師知道自己的教育目標及教育哲學：對學生的學業成就及期望是什麼？要求他們做到那些社會行為？試著描述自己的教育哲學理念、對學生及他們發展的瞭解，以及這些原則怎麼落實在班級每天的活動中。師傅需具體列舉一些班級經營的實例，是怎麼讓領導學生，讓他們為自己的學習及行為負責。

師傅也應鼓勵實習老師回應自己的哲學、理念，談談他未來想成為什麼樣的老師，他對班級與學生訂下什麼目標，花一點時間傾聽徒弟由實習中學習成長的心聲。

另一項需注意的重點，師傅需瞭解實習老師的師資培育機構的教育目標和哲學理念。師

傳除了直接由實習老師身上得到瞭解外，也可以由他的實習指導教授或參加師資培育機構所舉辦的進修課程獲得更多訊息。這是必要的過程，當師傅愈瞭解實習老師所在的師資培育機構的教育體系，就愈能瞭解他們的教學目標和策略，而彼此攜手成為教學拍檔也愈會同心。

溝通討論對實習的期望及支援

一般說來，實習老師會經歷兩階段的實習經驗。首先是預備實習期，那時候他們只有部分時間待在實習班級中；後來就是集中實習期，那時候他們要每天到實習班級報到，要負的責任愈來愈重；最後再公開一場正式的教學觀摩。每一個師資培育系統都不一樣，所以要先瞭解師資培育機構期望實習老師的成果是什麼？如能跟實習老師好好溝通，將他在班級中觀察、協助及教學上的努力，轉換成符合師資培育機構所期望的相關要項。

師傅除對實習老師清楚表明自己的期望外，更重要的是要清楚拿捏在每一項活動間彼

此所扮演的不同角色。當實習老師扮演觀摩者
的時候，他要在教室中待在那個地方，可以在
教室中來回走動嗎？師傅希望什麼情況下實
習老師會從旁協助？而不光只是當一個旁觀
者，師傅應訂立任何的行為準則，讓實習老師
知道何時提出協助，或是師傅會視情況需要才
下達協助的指令？或當輪到實習老師教學時，
他期望師傅扮演什麼角色？要師傅共同參與
教學或當個觀摩者？甚至討論有關介入的議
題，如何讓彼此都能接受？如果需要的話，師
傅什麼時機介入較理想？師傅的做法是怎
樣？他在上課中要怎麼開口要求師傅協助？
師傅和實習老師也應在上完一天的課後，找個
時間讓彼此檢討反省當天教學的感想，至於參
與對方教學活動的程度，也要想辦法達成共
識。上述說的都是關鍵性的重要議題，不過，
更不能忽視實習老師會想在實習教室中有個
「窩」的心情，師傅需要幫他準備一張桌子或
屬於他的空間。想像在開學的第一天要面對那
麼多學生，聰明的師傅都會在他們開始焦慮不
安之前，預先做好適當的準備及處理，對新到
教室的實習老師也應該做類似的準備吧！

　　每個人實習經驗都會不同，每對實習老師
和師傅會有他們獨特的相處模式。但唯有師傅
才能根據自己的情況，決定最需關注的主題，
因而自己是下判斷與決定的最佳人選。下表
「方法一：迎新面談」不過是一些簡單的建議，
師傅可以彈性運用，不必墨守成規。師傅更可
以利用這些建議，幫助規劃和實習老師談話的
方向；再不然，師傅也可以自訂討論主題，自
創適用的表格備用。

　　　　早在我實習開始前，師傅就會先約我
　　跟她見個面，讓我提出問題詢問她，彼此
　　先能有個了解，其實那次會面真的為我整
　　個實習立下基礎。現在我每天上學或放學
　　前，平均要花個大約 30 至 45 分鐘的時間，
　　與她檢討反省我覺得那裡是我的優點、那
　　裡是缺點，下個星期的計畫是什麼，以及
　　我對學校的感想等。看到她這麼關心我的
　　學習與成長，真令我受寵若驚。(實習老師)

歡迎實習老師來到班上

　　某次在介紹班上的實習老師給學生時，我犯了一個錯誤：我告訴全班，她是一個專家，從師資培育機構來這邊幫忙上課，觀察現在學生的學習情況及其他所有相關的事情。原本我是想幫忙提高她的地位，讓學生像對我一樣敬重她。嗯⋯⋯在開始上過幾堂課後，她的班級經營技巧，很明顯不是一個專家應該有的表現。所以我開了一次班會，要學生回想**他們第一次學做某件事情的經驗**，他們談到有關學騎單車或讀書等等的例子，那時我藉機會就說：「羅老師在大學裡面修了很多有關如何教學的課程，因此從某方面來說，她對瞭解學生及教學方面的確是個專家，不過，來這裡教書是她有生以來的第一次，所以我們應該怎麼做才能幫助到她呢？」學生們也都很貼心，並回答像「她來上課時，不要說話」等諸如此類自我要求的話。經此說明，他們有機會瞭解事情的真相，而且，更願意配合。（師傅）

79

　　無庸置疑讓實習老師感到他受班上學生歡迎程度是很重要的事。畢竟師傅的角色是吃重的，但是在師傅的影響下，學生才會把實習老師看作是師傅的朋友、同事及值得他們誠心敬重與對待的人。如果你能鼓勵學生設計有意義的方式，表達對實習老師的歡迎之意，那將是他永生難忘的實習日（或實習學期）；同時別忘記給實習老師一個機會準備自己的歡迎儀式，以特別的方式把自己介紹給全班。

　　　我的實習老師做過特別的事情之一，就是她介紹自己給全班的方式，她設計了一張海報來介紹自己，跟小朋友分享她生活中的重要照片，例如「這是我丈夫」，「這是我的狗和貓」。我們班的小朋友很喜歡這種方式，他們一直追問那隻貓。經由這樣的介紹，小朋友很容易就把自己和她及她的生活聯繫在一起。（師傅）

　　有些師傅說，要讓實習老師加入一個組織嚴密的教室生態中可能會有困難，而且不是隨便做一、兩樣就可以的，而是需要花工夫特別注意經營才行，詳細的方法可參考「方法二：

歡迎實習老師」所列的細目。相信誠摯的歡迎
是建立互信基礎的第一步，未來師傅和實習老
師都要靠著它走下去。擺在實習老師的前方是
一條崎嶇不平的路，師傅若能幫他跟班級學生
融洽的相處在一起，未來在他最需要時，就愈
有可能得到善意的回應與幫助。

交換學生的訊息

　　讓實習老師與班級學生融洽相處最有效
的方法之一，是花一點時間交換彼此對於班上
學生的瞭解及訊息的交流。相對於分析彼此教
學演示可能帶來的煎熬，有機會分享對學生的
觀察及資訊交流，會讓你們意外發現彼此共同
的焦點，全在於你們關懷的學生。

　　你的整個注意力可能正集中在與某一
個學生奮鬥，就在那時候，突然之間，另
一個學生又令你大吃一驚，就像「看啊！
這一朵，還有角落旁的這朵水仙花，盛開
吧！」你不由得拿它來跟你的實習老師討
論─還有什麼是在醞釀中的呢？（師傅）

　　師傅與實習老師應該保持雙向溝通，因此，實習老師要善加利用師傅對學生的觀察力，師傅也要從實習老師身上獲取新資訊。在實習老師建構他自己對學生的獨立判斷的時候，師傅是否可以從他的想法中得到擴展的學習空間：戴老師是如何從事分組活動？育平是為了自己而努求進步的嗎？什麼是筱葳不當行為的導火線？每一個學生的潛能都被充分開發了嗎？什麼情況下會造成班級缺乏向心力？

　　這種方式的主要的目的是希望在實習期間，師傅與實習老師能透過正式或非正式的會面，對學生及他們的成長可以不斷地保持雙向的交流。一個教室中，同時可以存在兩個關心他們的優秀教師，對學生們而言，可說是獲益無窮。

　　我提供實習老師班上學生及他們家庭的背景資訊，結果還蠻有用的。例如，當一個學生週末結束從他爸爸那邊回來時，因為他的爸爸現在住在一輛車子裡，所以我對實習老師說：「立生每到星期一都會特

別難過，因為他的爸爸現在無家可歸。」
這麼一來，如果實習老師在週一需要準時
讓他放學時，她可以在談話間點醒他，比
如這樣說：「嗯，我知道你的週末很難過，
不巧的是這一課又很難，既然如此，我乾
脆讓你準時放學回家，免得你在課堂上可
能打擾別人的學習。」用這種方式，實習
老師有足夠的資訊，可以掌握學生的家庭
背景。（師傅）

　　我的師傅總是與我分享她在教學時，
心中所想的每一個念頭。當學生有麻煩時，
她會引導我觀察其中的細微變化，那是為
人師表的我應該注意到的細微變化。（實習
老師）

　　休息時間我們會聚在一起聊聊學生的
種種，我的師傅會這樣告訴我：「他的人生
目前是如何如何」、「這是我注意到這個學
生最近發生的一些事情」、或「她好像很擅
長於那個」。放學後，我的師傅也會找我坐
下來談談，讓我更加瞭解學生。「事情的始
末就是如此，這就是為什麼我會覺得這樣

做，對這個學生比較重要的原因。」她的方式讓我受益良多，因為每件事情都是現場實況的情境，她的處理方式是完全合乎原則，表現相互尊重。更能針對不同的學生，不同的情境，用不同的策略達到最佳效果。(實習老師)

每天除了在班級日常的運作中對學生做觀察外，師傅和實習老師可能想合作試試「方法三：資訊交流」中的一些建議：規畫安排收集資料的方法，檢討反省彼此的學習心得。記得要提醒實習老師，瞭解那些最討人厭或最封閉的學生，與瞭解那些人緣佳的學生，是一樣的重要。

最後師傅要花一點時間，讓實習老師談談他在教室中所看到的班級運作，和他在師資培育機構中所學的理論有無關聯，以及可以配合應用的地方。這種討論的功課，可以協助實習老師將自己所學的理論加以過濾沈澱，更能提供師傅更多訊息，讓師傅知道支持形成他的思考和教學策略的學院理論。這種方式也為師傅的班級經營提供了新的思考方向。

方法一：迎新面談

背景資訊

分享個人的生活背景

☐ 為什麼會選擇當老師？到目前為止有什麼感想與體驗？

☐ 在師資培育計畫下，實習老師有什麼學習心得？

跟實習老師聊聊有關學校的運作

☐ 描述學校的發展任務、治校理念、校長、老師、學生、家長背景及社區環境。

☐ 描述個別的學生和整個班級情況。

☐ 到目前為止發生過什麼事情？

☐ 學生們的學業成就、社會行為及倫理品德的程度「定位」？

☐ 什麼是棘手的問題？

☐ 那些措施做得很好？

☐ 學校即將要進行的計劃是什麼？

教育目標和教學理念

分享你班級經營的目標

☐ 今年打算達成的目標是什麼？

☐ 用什麼方法來幫助學生成長？

☐ 要求實習老師分享自己的班級經營目標，及就他所瞭解的，談談他所受的師資培育計畫的目標。

☐ 討論你們的觀點，彼此可能的相似或不同的地方。

談論社會行為和倫理品德的發展

☐ 在班級中道德的議題扮演什麼樣的角色？

☐ 你想要經營的什麼樣的班級學習氣氛？

☐ 讓實習老師多發表一點自己的觀點。

談論班級經營

☐ 描述如何逐步做到目前的班級經營及紀律。

☐ 行為的準則是怎麼訂的？目前有那些準則？

☐ 如何引導學生為自己的行為與學習負責？又怎麼幫助學生學習解決衝突？

☐ 關於班級經營，讓實習老師分享自己的態度、觀點與期望。

☐ 讓實習老師談談他在師資培育機構的培育課程中，所學到的班級經營技巧。

談論課程設計

☐ 談論課程內容，以及如何將它設計到課程中。

☐ 想教給學生的是怎樣的觀念、技巧和策略？

☐ 讓實習老師談談他自己在課程設計方面的特殊興趣，以及實習期間他最想專心從事的重點？

☐ 讓實習老師敘述他在師資培育機構中，關於課程設計對他的要求和期望。

對實習的期望及支援

釐清實習老師的期望

☐ 問清楚實習老師，輪到他來班上的時候，他打算做什麼？

☐ 觀摩和協助教學對你們彼此的意義是什麼？

☐ 他希望花多少時間來上課，或共同上課？

☐ 他的行事表是怎麼安排的？

對於師傅的角色，坦言你的想法及做法

☐ 你會觀摩實習老師的教學，並提供立即回饋嗎？

☐ 你和實習老師會共同教學嗎？

☐ 你怎樣傳達逐漸增加實習老師的責任感？

安排實習計畫及檢討反省

☐ 對於安排的實習計畫及檢討反省，你們可以提供意見來協調解決。

安排一場對學生及家長的介紹

☐ 討論介紹實習老師給班上學生的計畫。

☐ 描述一下你可能會怎麼在學生家長面前介紹實習老師。

☐ 鼓勵實習老師開始構想對學生及家長自我介紹的方法。

討論實習老師的工作空間及你們的位置

☐ 保証實習老師一定有個自己的「空間」及置物處。

☐ 討論在你上課時實習老師應該待在那裡。

☐ 討論在實習老師上課時你會待在那裡。

再三重申「我們是一體的」

☐ 要確定已經把對你們倆都很重要的事情說得一清二楚了。

☐ 要確定已妥善傳達，並願意敞開心胸，虛心向他學習。

☐ 要確定讓實習老師有機會談談他自己對未來的期望。

☐ 歡迎實習老師提出任何他所關切的問題。

方法二：歡迎實習老師

☐ 在教室門上掛上師傅和實習老師的名字，替實習老師準備一張桌子或留一個空間給他。

☐ 鼓勵學生準備寫一份班級組成的介紹。

☐ 鼓勵學生設計小卡片，寫上自己的留言，
以歡迎實習老師加入。

☐ 舉辦班級同樂會，大家自我介紹方式迎接
實習老師，並由學生來介紹班級公約。

☐ 鼓勵實習老師以活潑創意的方式對全班
自我介紹。

☐ 鼓勵實習老師來場「超炫個人展」。

☐ 鼓勵學生帶實習老師繞校園一圈。

☐ 在班上說話時，要常說『我和某某老師』，
時時掛著實習老師的名字。

☐ 特別在剛開始時，與實習老師共同合作教
學。

☐ 把實習老師介紹給學校其他的同事及校
長認識。

☐ 幫實習老師安排到其他老師的班上，去觀
摩他們教學。

方法三：資訊交流

可嘗試的正式步驟

☐ 讓實習老師準備一本筆記本，追蹤班上每
個學生或某一小組的學生，記下他們的優

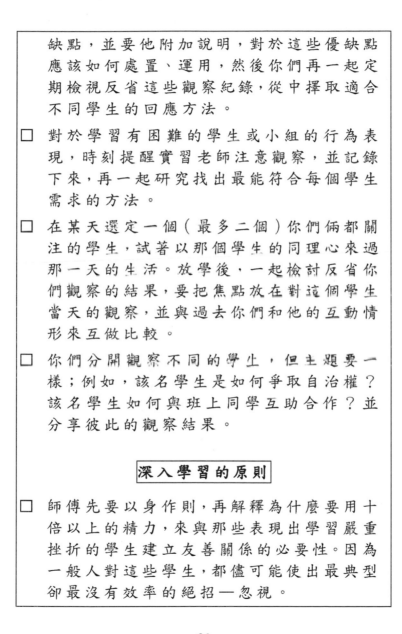

缺點，並要他附加說明，對於這些優缺點應該如何處置、運用，然後你們再一起定期檢視反省這些觀察紀錄，從中擇取適合不同學生的回應方法。

□ 對於學習有困難的學生或小組的行為表現，時刻提醒實習老師注意觀察，並記錄下來，再一起研究找出最能符合每個學生需求的方法。

□ 在某天選定一個（最多二個）你們倆都關注的學生，試著以那個學生的同理心來過那一天的生活。放學後，一起檢討反省你們觀察的結果，要把焦點放在對這個學生當天的觀察，並與過去你們和他的互動情形來互做比較。

□ 你們分開觀察不同的學生，但主題要一樣；例如，該名學生是如何爭取自治權？該名學生如何與班上同學互助合作？並分享彼此的觀察結果。

深入學習的原則

□ 師傅先要以身作則，再解釋為什麼要用十倍以上的精力，來與那些表現出學習嚴重挫折的學生建立友善關係的必要性。因為一般人對這些學生，都儘可能使出最典型卻最沒有效率的絕招—忽視。

□ 與實習老師分享有關學生家庭的相關訊息，以便讓他能更深入瞭解學生。

□ 要實習老師把在師資培育機構體系下所學的教學原理，應用到班上的學生身上－不論是學業成就、社會行為、倫理品德或學習動機等各方面的成長。

第四章
實習指導——發生爭論時

　　談到師傅和實習老師之間的關係，避免緊繃的張力昭然浮現，因為既是同事，又要針對彼此的教學交換心得、給予回饋；這就是為什麼師傅必須儘早和實習老師建立良好的關係，並持續不斷努力成為合作愉快的教學夥伴。憑心而論，要能接受逆耳忠言，必須信賴回饋者是出於考量彼此最大的利益所提出的意見。

　　雖然「實習輔導」這個字眼，通常讓人聯想到教學觀摩並給予回饋，實際上，身為實習老師的師傅，在觀摩實習老師的教學演示及給予回饋前，需要做一些預備工作。首先，在實習過程中，師傅是實習老師的模範，實習老師經常目睹師傅在班級中的所做所為；也就是說，師傅的班級就是他的活教材。其次，則是討論師傅的教學。師傅以反省自己的教學為切入角度一解釋教學目的，坦承對某件事可能會考慮用不同的方法回應，或者開放實習老師提問，針對某一事件採用該方法的理由。這些工作不斷演練後，才輪到第三項工作，直接對實習老師輔導。實習老師上台教學之後，由師傅來提問並檢討他的教學。此時，師傅扮演雙重角色，既要在不經意的閒談中點綴運用「我注意到……」言詞表達，也要正式排定觀摩課表，定時檢討交流。

狀況一：實習老師觀摩師傅的教學

實習老師隨時跟在師傅身邊，看師傅如何實施班級經營、課程設計、危機處理、排除干擾，並解決課堂上發生的種種問題。實際上，師傅就是一個活樣板，一舉一動無不在展現身為老師是如何凝聚班級的向心力、平衡團體與個人的需求，平衡集中管理與學生自治的需求，一方面鼓勵學生建立自信；另一方面要督促他們往更高的目標挑戰，凡此種種不可勝數。有時師傅的教學流程是如此順暢且不著痕跡，曾讓實習老師覺得師傅的教學簡直是易如反掌。然而，師傅較困難的就是要將個人引導學生的教學，分解各細部動作讓實習老師清楚地了解。

我的師傅說：「仔細觀察，你自然會知道我是怎麼教的。」但是教學的內涵及的步驟既多又繁雜，怎麼可能輕易讓我一窺全貌。（實習老師）

在教學上，他每每稱之為「抽絲剝繭法」，而那正是我們實習老師需要學習擔負的重任。（實習老師）

　　在實習老師觀摩師傅上課的情形及班級經營的方法時，他的隨堂紀錄及問題，可作為與師傅討論時的豐富資料。師傅愈詳細清楚地闡明自己的作為：那裡做得好，那裡有點棘手，那裡師傅可能會採別的做法（可能是下次教學），師徒倆就愈能達到教學相長。

　　實習老師在觀摩過程中養成詳細記錄的習慣的另一個好處，是除了可以提供實際情境的、條列的重點，來作為師徒間討論的依據外，他也可以保留這些有實際情境的、條列的技巧，作為日後教學的參考。

　　　　有幾次，我只不過坐在討論圈中聽他們討論，並逐條記下學生說的每一句話，以及師傅相對的每一次回應，光對話我就記了許多頁，真想不到我寫字的速度會那麼快！每天晚上我對著筆記細細沈思，思考他的回應—他如何保持中立，當個推手，誘導學生滔滔不絕；如何保持公平的立場，解決各種分歧。我學會開口說（對著班上的學生）：「這個意見不錯，很有趣，你有其他証據可以支持這個說法嗎？」，或是「誰有其他意見要補充的？」這是個很好的學習方式。（實習老師）

　　有時候實習老師觀摩師傅教學後，可能會有其他問題、建議或意見想和師傅分享。其中，他可能會有和師傅不一樣的想法或做法，特別是他和師傅的意見南轅北轍時，會有一些麻煩。雖然，這種討論也是難得的精彩，只不過師徒倆都要敞開自己的心胸，傾聽對方的說法，理解對方看事情的角度。然後，意見的交流最後可能會讓師傅和實習老師訝異，彼此在教育目標和理念上可能極端相似，甚至也可能突顯出極端的不同。此時師傅正可隨機而動，發揮潛能來幫助實習老師成長，也幫自己成長。

　　我親自示範一堂數學活動，要學生們等會兒單獨操作天平，學生們都說懂了，不過輪到他們自己做的時候，簡直是亂成一團。後來我的實習老師坦承，那堂課學生學得的確不是很好，她接著說：「我覺得活動設計得太複雜了，而且師傅那張學習單上要他們做的事情太多了。」她建議把學習單分成兩半，以小組合作的方式來做完上面的問題。我跟她說：「看著吧，今天下午我要再上一次，修正課程也是你將來要學會做的事之一，而且該修正的就修正，

不必怕。」午餐時間後，我們重新做一次
那個活動，這一次如她建議的，用小組分
工的方式，結果真的好多了。這不只對我
有益，對她也有好處。她有機會看到自己
的意見被實現，讓她知道我樂於接納她的
建議。此外，可以瞭解身為一個老師，還
是可以修正自己的授課方式，不要懼怕向
學生承認自己並非完美無缺。（師傅）

方法四：實習老師觀摩師傅的教學

觀摩時

☐ 仔細篩選具有代表性的觀摩情境，以擴大
實習老師的學習視野。

☐ 教學前，先與實習老師溝通說明自己的教
學目標。

☐ 提醒實習老師要做筆記，否則師徒難免會
疏漏遺忘。

☐ 有時要為實習老師設定每個活動的觀摩
重點，如；導師時間、導師時間到第一個
教學活動的流程轉換，故事的閱讀及討論
等等。

☐ 有時要讓實習老師鎖定某些特定學生來觀察，並持續追蹤這些學生對課程的瞭解與感受。

共同反省時間

☐ 鼓勵實習老師再回想師傅的教學目標，親自驗證實現教學目標的教學流程。

☐ 鼓勵實習老師坦白說出看過師傅教學後的感想，並鼓勵對師傅的教學有疑問的地方儘量提出問題。

☐ 萬一教得不好（再怎麼傑出優秀師傅，難免會有失誤時候），又剛巧是個好機會，可以問問實習老師對未來的教學有沒有什麼建議。

☐ 如果實習老師漏說了師傅教學演示中，某些師傅認為很重要的部分，可以直接告訴他。

☐ 或許實習老師對某些事情的處置方式和師傅大不相同，那麼他可能會怎麼做呢？為什麼？

☐ 師徒要記下從對方身上學到的經驗，否則很快就會忘記。

□ 師傅協助實習老師交涉與安排觀摩學校
　其他老師的教學，讓他有機會多接觸各種
　不同的教學方式及策略。

狀況二：師傅觀摩實習老師教學

　　師傅的主要的角色是觀摩並指導實習老師。實習老師承擔班級的重責大任後，師傅就要開始觀察他的一言一行，如那裡做得好，那裡需要師傅加以引導。相對於實習老師的努力盡心，師傅要隨時以適當的批評與建議來回應，不但以師傅的專業修養來支持他，而且以師傅個人的情誼來關懷他。

　　每次我的師傅觀摩我上課之後，她總是會給我相當正面的回饋，即使她說的是我教學上的缺失，對她的批評，我從來不會覺得人格受到威脅。（實習老師）

　　在看過我的教學後，她總會給我相當善意的回饋，並告訴我她是多麼的心有戚戚焉。她總是會找時間和我坐下來一起討

論活動的設計。我們每天大約要花半小時做腦力激盪，很多次，我們待到傍晚，天南地北的聊到學校、班級、我的學業，以及人生等等。（實習老師）

平常師傅對實習老師的舉動無不瞭若指掌，可以隨時隨地支持他，或是提供指導和建議。但是當實習老師輪到上課帶活動或上全天課之前，師傅需要事先審慎安排他的觀摩活動，並給予適當的回饋。如此實習老師在正式教學演示時，表現得會更不一樣。師傅若能與實習老師共同安排觀摩與回饋的計畫，才能真正掌握自己的職責，也較能定下心來坦言無隱地與實習老師一起反省。

在他上課前，我會找時間和他坐下來談談，先了解他期望的目標。當教學觀摩後，在提供回饋或建議前，我會把他的教學目標拿出來再三斟酌。如此慎重是因為回饋或建議不是件容易做的差事，它有太多的面向需要謹慎思考。如果我問他一句『你覺得下次可以怎麼做？』時，我不希望他當我是一個好吹毛求疵的人。（師傅）

方法五：師傅觀摩實習老師教學

觀摩時

☐ 仔細篩選具有代表性的觀摩情境，以擴大實習老師的學習視野。

☐ 教學前先詢問實習老師，以瞭解他是否有特定或概括的教學目標，或者有那方面他特別想請師傅幫忙留意。

☐ 一定要做筆記，否則師徒們難免會疏漏遺忘。

☐ 如果可能，把師傅對實習老師他每日或每個活動的觀摩目標訂出計畫表。

☐ 有時候把觀摩方向鎖定在實習老師某個實習的重點上，例如：他如何提示教學大綱，如何把小孩子從一個活動帶向另一個活動，如何進行討論等等。

反省時間

☐ 詢問實習老師的教學目標，以及她對整個教學流程的感想，什麼事情處理得當？什麼事情很棘手？

□　師傅告知實習老師的觀摩感想，並對於他
　　處置事情的不同方法，同時提出問題。

□　詢問實習老師下次遇到類似事情時，他會
　　不會採取不同做法。

□　師傅跟實習老師分享下一次課程或活動
　　可能考慮採用的做法。

□　鼓勵實習老師把他認為值得記下來的一
　　切事情，最好都能記錄下來。

狀況三：綜觀教學中的介入

　　談到實習老師介入教學的時機和方法，大
部分的師傅都會感到很為難，但是看到實習老
師拼命想教好，而班上卻一蹋糊塗時，還是很
難有不顧一切衝進去制止的勇氣：第一個棘手
的問題是，師傅要衡量考慮介入所造成：（1）
對實習老師的學習信心；（2）實習老師與學生
互動關係的可能改變；（3）學生可能身陷危險
或有潛在危險等三方面的影響，並要評估它們
的利害輕重。第二個棘手的問題是，如果師傅
覺得有必要介入，要做到保存實習老師的尊嚴
（而不是貶低他）。師傅與實習老師最好把規

則先定清楚，雙方才有默契知道什麼情況下師傅會介入，及介入的方式。也就是說，不論在事件介入之前或之後，師傅應該知道要對學生說些什麼話，及如何跟實習老師溝通這項行為。

◆　並非所有的介入教學，本意都是良好的

從實習老師的觀點，師傅有些時候介入根本是大錯特錯；師傅所獲得的資訊可能不足，以致於對介入時機與方式判斷錯誤。然而，師傅一旦介入，且悍然宣示他的權威，「小鬼當家」的情勢丕然改變，實習老師和學生也毫無選擇的餘地，也只得服從。

星期二那天，我正在帶領讀書小組，一開始我們先複習上星期四訂下的守則，也就是說自己的行為應該怎麼樣，怎麼與人相處等等。我跟他們說，他們上星期的表現進步很多，讓我覺得很感動，不過我相信這星期我們可以做得更好，行為更有規矩。不幸的是，大衛動作太慢，不像其他人那麼快就定位，不過我相信他已經準備要去做了，就在此時，師傅在全班面前

點名要大衛離開我們這一組。見狀我又急
又慌，卻沒有辦法違抗她的命令，最重要
的是我相信大衛那天正要想辦法讓自己有
好表現。（實習老師）

有時候，師傅覺得自己在協助實習老師
時，已經盡可能小心謹慎了，但是整個介入的
過程與行為卻完全走樣，反而變成危害實習老
師。因為實習老師的權威感本來就很脆弱，即
使是一件微不足道的小插曲，對徒弟而言，也
可能具有毀滅性。不管師傅是有意或無意，如
果師傅的主張已顯示出自己是「我是老大」的
權威，在場學生不會看不出這個訊息的意義。

實習老師上課時，我雖坐在電腦桌前，
卻從旁盯著學生，或擺手晃腦的指揮——
我是想幫忙維持上課的秩序。有一天放學
後，實習老師跑來找我，他說寧願我叫他
過來告訴他問題所在，而不願我插手幫他
管學生。在那一刻我才恍然大悟，從此以
後我才完全放手。不過話說回來，當老師
的就是看不得學生有任何差池，或看著那
些小孩子公然在師傅面前拿著球丟來丟
去，丟到天花板上，而我卻只能坐在電腦
桌前埋頭打字。（師傅）

105

◆　不會傷害實習老師的介入教學法

　　不論「只能呆坐在那裡」是不是師傅的兩難問題，有時候適當的介入，並處理得當，還是能獲得雙贏的結果。師傅適時伸出援手，沒有人因此受到傷害，稍後師傅可以跟實習老師解釋插手的原因。

　　我的實習老師憑一己之力帶兩個數學研究小組，她一心一意地上著課，結果有一組已經完成了他們的工作，卻坐在那裡發呆無事可做。我自然的反射動作是抓一桶數學積木丟給他們，讓他們做接下去的延伸活動。剛巧那時她的師資培育機構指導教授來訪，他對我說：「你做得很有道理，不過你也要讓她知道插手的原因，因為她還懵懵懂懂，不知道發生什麼事情呢！」因此，我才找實習老師溝通一番，同時我認為：她應該要了解教學進度是可以超越原來教案的設計，甚至可以變化或加深加廣，以符合學生的需要。（師傅）

師傅與實習老師如能就任何有關教學介入的問題加以溝通，一則可以幫他從實際的情境中吸取經驗，再則有助於維護師徒間的同事情誼。有時可能不只師傅想找實習老師溝通，實習老師也可能正想找師傅瞭解為什麼要插手的原因。

　　我剛處理我們班上最棘手的學生之一，並處理得很有進展：玉珊是個女孩，常常大呼小叫打斷我上課，或者批評其他學生，反正就是行為很偏差。我知道在她的內心一直努力想改好，不過她總是很容易失控，所以當她又我行我素時，我也很膽顫心驚。我們約好在她打斷我上課時，我會先暗示她，如果她又打斷，我就必須要她好好思量過，並寫下她到底做了什麼打斷別人學習的事，如果她仍然不改，我就不得不請她離開教室；我們也說好，她離開教室後，要把我為她準備的一大疊作業做完，並照約定做完作業後才可以回教室，還要告訴我：她反省後覺得自己錯在那裡。我們訂下這麼重要的一項共同約定，所以都戰戰兢兢的維護，希望她一切能上軌道。

　　隔天她和同組的夥伴莉安起了爭執，那時，她們正在寫學習心得報告，並把它設計成海報展示。顯然玉珊很不滿莉安的設計方式，她拿起筆來就亂塗一通。我的實習老師認為玉珊這樣的行為實在不可原諒，事實上亦是如此。實習老師跟玉珊說，罰她到教室外頭好好反省自己的行為。玉珊邊哭邊道歉，並說她會設法彌補破壞莉安作品的責任，不過實習老師堅持她必須馬上離開教室。我想到我和玉珊的約定：第一次先給她暗示，外加一次機會來改過，最後才會讓她離開教室反省。如今我卻面臨失約了。

　　所以我不得不插手去管，我便把實習老師和玉珊一起叫過來。我說：「嘿！讓我們花一點時間把這件事情搞清楚。玉珊！妳是不是覺得實習老師要妳利用時間好好反省，同時現在看起來妳好像已經準備要檢討自己的行為，並補償莉安的損失。」她回答說「是」，所以我又說：「你和莉安何不現在就到大廳去說個清楚。」她們兩個都同意，並相偕到外面討論解決。同時，

我儘量解釋讓實習老師能完全理解我對玉珊所下的功夫，以及我那樣做的理由。但像如此干涉他的處置，確實讓我有一點不舒服，不過，我就是覺得在那樣的情況下，首先要顧及的人是玉珊。（師傅）

◆　學生正看著師傅

不論師傅的介入教學做得多麼謹慎小心，如果學生提出某些建議給師傅，千萬不可大驚小怪。有一個二年級的老師，插手幫忙實習老師上課中的管理工作，之後班上的一位小女生寫了一封信給師傅，內容如下：

親愛的艾老師您好：

我想安老師（實習老師）現在應該明白如何經營她的班級了，我想她跟你已經學習很多，也了解如何處理那些上課不專心、或和其他同學玩來玩去的人。我現在不是和你較量聰明，也無意冒犯你，但是安老師應該有她自己的想法。下一次你可不可以讓她自己來做，選用她自己的想法

和做法？那她能學到即使當你不在教室的時候，也能夠把課上得很好。

敬愛你的

瑞卡　敬上

第五章
發展實習老師的知覺
與專業能力

　　假設「教育實習」的任務是要協助實習老師學習塑造一個良好的學習環境，一個讓學生學習實踐社會共同價值觀（例如尊敬、仁慈、公平和責任）的安全環境，讓學生在完整及具包容性的課程設計中，能奮發積極的學習，那麼實習老師至少應在下列四大領域竭盡所能，以建立知覺及發揮專業的能力：

➢　　與學生家長建立良好的關係

➢　　樹立在班級中的權威性及控制力

➢　　訂定清楚明確且前後一致的規約

➢　　激發每個學生的學習能力

　　當一個老師開始在這些領域發揮知覺與專業能力，也就是達到不假思索、應對進退的能力的層次，他便能面對每天教室中發生各種不同的情況，並能迅速地處理或反應。像這樣的老師，大都已有數年的教學經驗，教學方面早就達到某種程度的流暢性或自主性，這種處理常讓新老師瞠目結舌，欽佩不已。一個新老師可能要花好幾年的時間，才可能學會不假思索地對難以計數的問題，迅速地做判斷及下決

定，這種教學的方式已成為每日教學的一部分。

在協助實習老師走向不假思索、應對進退的坦途，師傅扮演揉合各方面發展的角色：一方面要加強實習老師對發展良好學習環境的各種因素做深入的發掘；另一方面要讓他親自觀察，教學中所做不同判斷的決定，如何導致不同的因果循環；此外則要讓他有參與教學的機會，讓他自己能夠做決定，才能針對現實的情況自我剖析並與師傅一同討論。

與學生家長建立良好的關係

當師傅瞭解到建立良好的班級人際關係，是創造成功的學習環境的重要關鍵時，他自然想讓實習老師瞭解：教師在推動這種互動關係是扮演著吃重的角色。不過，在實習老師能影響與學生相互間的關係之前，首先師傅要建立他與學生間良好互動的師生關係。

或許因為我的第一個學位性質是中等教育學程的大學文憑，因而，我沒有受過任何凝聚班級氣氛的訓練，從來沒有人教

我「你要先營造師生關係」，他們只教我如
何教英文罷了。因此，當我走進一個七年
級和八年級的混合班級時，我竟成了最悲
慘的實習老師，當時我只想如果師傅能夠
即時瞭解，並告訴我說：「咦！麗笙，你當
務之急必須營造好師生關係。」事情就會
大不相同。甚至只要一句話，甚至不必親
自教能怎麼做，只要「提醒」我一下，我
就感激不盡。（實習老師）

◆　當實習老師是教育界的新生時

表面看起來，營造良好的師生關係，好像
是實習老師最簡單的工作之一，畢竟大部分會
選擇教育這條路的人，都是因為喜歡孩子，想
要帶領他們學習。然而由於許多實習老師都很
年輕，所以他們的人際關係模式，大都是對平
輩交往，如朋友的關係一樣；相對而言，需要
與長輩應對，如教授、老師和父母，他們是處
於受教的一方。因此很少實習老師早已有經驗
可以搭起一種關懷、照顧別人的互動關係，也
就是扮演教導別人的角色。實習老師急需有人
協助他們瞭解這種人際關係，以及他們在「圈
內」扮演的角色。這種關係不是基於取悅對方，

像同輩朋友般交往一般；也不能想從對方身上
獲得回饋的協助及照顧，像「實習輔導」的關
係一樣。相反的，它要求實習老師主動把握建
立關係的先機，要有充沛的精力，即使某一個
學生專門搗蛋、排斥抗拒，他也能維持雙方關
係於不墜。實習老師要理解如何配合每個學生
的需求，並讓學生有機會貢獻一己之力，共同
來維護這份關係。簡單的說，師生關係在老師
主導這部分，要求付出多一點的耐心，多一點
的觀察判斷技巧，多一點的活力及恆心，這些
是大部分的實習老師還不夠嫻熟的部分。

　　　我學到很重要的一點：是儘量製造與
學生互動的機會，愈多愈好。畢竟你不希
望學生專心聽課的時候，你只是站上講台
上課，而不在意學生對你的看法。（實習老
師）

　　一般而言，實習老師常犯的一個普遍的錯
誤是：想和學生成為朋友，亦把他們當作平輩，
在各方面努力取悅他們。有時候，如此會造成
他們在學習及行為方面無法加深加廣，邁向更
高的階層挑戰；有時候，實習老師和學生間的

親蜜情誼，會適得其反，因而助長學生的依賴心，而非獨立自主；又有時候，在這種類似友誼關係的模式下，實習老師很容易涉及某一個學生的排斥而傷心不已，甚至轉變成憎惡或討厭該生，而忘記要竭盡所能地解決這些難題，殫精竭慮地找出建立正面關係的方法。

　　當我還是實習老師的時候，我帶的班級是一個中年級的混合班，那時我打算自己成為班上學生的朋友，也希望學生把我當成「同一國」的密友，而且我認為自己的確是他們同夥的。然而，到了集中實習我要上課時，他們把我鎖在教室外，我才感到驚訝莫名。現在回想起來，我可以清楚地發現，他們的確把我視為同伴之一，他們也曾把彼此鎖在教室外面。那是一次非常明白、非常難堪的教訓，我不該只是去那裡交朋友。(師傅)

◆　**當實習老師和學生的背景不同時**

　　建立師生關係的另一個挑戰是：實習老師和學生來自不同的社會階層或族群。首先，他

116

們會發現要打破自己的意識型態很難，而意識型態不同，常常會讓他們誤解學生傳達的訊息，最後造成師生關係全面大崩盤。實習老師也會相當困惑，不知道如何和一群生活背景和自己完全不同的學生溝通，甚至造成有些學生以反抗的態度來反擊他們，如果學生和班級中的權威人士—老師產生隔閡，甚至師生交惡，便阻斷了他們受教的機會。另一個實習老師普遍會犯的毛病是：對於現實社會加諸於某些小孩身上的不公，實習老師會想代為彌補，因而降低對這些學生的要求，結果是剝奪這些學生接受自我挑戰的機會，使得他們的學習成長趨於停滯，當然師生間也就沒有所謂傳道、授業、解惑等交流。

　　我來自偏遠鄉下的小學校，在我離開鄉下踏入這個大都會時，簡直像劉姥姥進大觀園一樣，看得目瞪口呆。以前在鄉下學校用的課程和教學策略，現在完全無法適用。我的師傅曾跟我聊到班上各個不同的學生，以及一些他們的背景，他們的生活和我的背景相差十萬八千里，我必須不斷地調整，才能培養他們對我的信賴感。（實習老師）

　　我的實習老師去年做了一大堆有關原
住民在社會上受到差別待遇的研究報告，
所以我覺得她很難不把班上的某些原住民
的孩子和她研究報告的主題重疊看待。她
似乎打算和這幾個少數族群的學生，建立
良好的互動關係。不過她的做法是降低對
他們的要求標準到極低點。坦白說，她一
直努力嘗試與學生共同參與成長與學習，
不過，基本上她不贊同採用傳統的目標導
向或結果導向的模式與這些孩子互動，因
為她覺得這些孩子在社會上已有文化刺激
不足之虞。即使班上因她採用不同策略，
而學生已經亂得不可收拾，她始終堅持這
樣的看法。(師傅)

◆　實習輔導制度的問題

　　當實習老師在努力與學生建立良好的師
生關係時，除了普遍會遭遇到的那些問題外，
還有一些是屬於實習輔導制度的問題，例如實
習老師加入班級的時機，可能和師資培育機構
設計的實習計劃有關。

　　實習老師若在學年一開始就進入班級，會比較有利。因為他從一開始就被安排在班級中，自然而然會被視為班級組成的一員，甚至跟著大家一起玩耍，認識彼此，一起參與開會訂公約（或班會）。如果實習老師在學期進行中才來報到，他面對的會是一個固定成型的班級團體，人際關係的網絡大致都已成型，因而對於一個新的闖入者，學生可能會覺得有點不安，表現出不相信他，或缺乏耐心，不像他們和級任老師那麼好；甚至他們或許會有點討厭實習老師佔了級任老師的位置。畢竟，學生們熟悉級任老師，他們習慣於級任老師處理班級事務的方式，更重要的是們信任他。

　　一月我開始實習，對我而言，最重要的事墨如趕快讓學生接納我。然而我的進展很慢，一直沒有辦法和學生建立溝通的橋樑。師傅建議我由個別的學生著手，並找話題和他們聊，例如：「到現在為止，你今天過得好不好？」或者「我們應該怎麼做，才能有個愉快的下午呢？」同時她建議我善加利用午餐時間，本來我中午就是和學生一起用餐，她要我找四、五個對我

較不友善的學生一起，跟他們聊聊除了學
校之外的生活瑣事。漸漸的我和學生的關
係愈來愈密切，上課中也鮮少有被打斷的
情形。特別有一個學生她曾經挑釁地對我
說：「我希望趙老師（師傅）上我們的課，
不是你！」現在她開始會藉口找我幫忙，
有時走過我身邊，趁我和別人在忙時，她
會偷偷、親暱地輕拍一下我的背，然後再
假裝若無其事的走過，我則微笑會意地看
她一眼，這實在是一大突破。（實習老師）

方法六：師傅能幫實習老師……

與學生家長建立良好的關係

☐ 讓實習老師有持續介紹自己的機會。

☐ 幫助實習老師製造機會給學生，讓學生有
機會分享自己的生活。

☐ 幫助實習老師與學生溝通聯絡，讓他們知
道『我們都是班級的一分子』。

☐ 幫助實習老師認識每個學生，把每個學生
都當成獨立的個體來對待。

☐ 幫助實習老師和學生彼此相處融洽相處，無論在什麼情況下都要做到忠於自己。

☐ 介紹實習老師給學生家長。

☐ 提供便利的管道讓實習老師與學生家長溝通更方便。

建立在班級中的權威及控制力

☐ 預先設想實習老師對支配掌控的想法會和師傅不同。

☐ 與實習老師深入思考，如何處理一些典型的情境問題。

☐ 鼓勵實習老師選擇二至三個教學技巧，再全力練習那些技巧，直到他覺得自己可以純熟地加以運用為止。

☐ 幫實習老師多想一些可以適度運用權力的方法，那些方法要盡量以不破壞班級的團結為優先考量。

☐ 允許實習老師以一小部分、一小部分逐漸接管班級經營。

☐ 指導實習老師一些教學策略，使他的教學更加得心應手，同時可預防學生發生一些潛在的問題行為。

☐ 幫助實習老師在學生做出保證時，其態度要自然且堅定。

☐ 討論一個「聆聽學生關注某一項決定」的適當時機。

☐ 請實習老師觀察師傅的掌控技巧，稍後再和他共同討論與聽取意見。

☐ 要注意不要讓學生離間你和實習老師的情誼。

訂定規約要清楚明白且前後一致

☐ 幫助實習老師徹底明白：組成班級骨架的倫理道德的原則。

☐ 要解釋清楚讓實習老師明白班級運作的流程，是如何反應出師傅對公平、自我負責及仁慈等品德的重視。

☐ 與實習老師分享班上學生自己列出解決教室一般問題的方法的明細表。

☐ 建議實習老師要引導學生討論一個問題時，有時可以以一則個人的故事來起頭，通常效果不錯。

☐ 鼓勵實習老師和學生採一對一的談話方式來解決問題。

- [ ] 提醒實習老師要假設不當行為背後最可能的動機，通常和事實相去不遠。

- [ ] 幫助實習老師學會各種方法去激發學生的內在動機，使他們自己努力成為好學生，並自動自發學習。

- [ ] 請實習老師透過評價的眼光去觀察整個班級的互動，稍後再和他討論，給予意見。

激發每個學生的學習能力

- [ ] 介紹師傅是如何激發學生的動機，以及使他們熱烈參與每個學習活動的方法。

- [ ] 敘述師傅是如何設計課程，才能保持學生的學習動機及參與感。

- [ ] 坐下來和實習老師一起共同設計教學活動。

- [ ] 從旁協助支援實習老師之教學。

- [ ] 不要把師傅的教學模式當成範本，而只能當作草稿。

對師徒關係而言，實習老師要扮好自己的角色，不是件簡單的事；不只是實習老師的身分和師傅不一樣，他可能比學生家長或監護人都還年輕，而且照顧孩子經驗也大不如他們。但在師傅的指導下，實習老師才可能學會以最好的態度和家長溝通，並花點時間和他分享經驗，以及怎麼建立親師關係，怎麼維持與家長正面溝通的管道，幫他認清自己在班級中是扮演著專家權威的角色－即使實習老師本身既年輕又沒經驗。

方法六：師傅能幫實習老師……
與學生家長建立良好的關係

像所有的老師一樣，實習老師也渴求能得到學生的信賴。師傅可以協助實習老師瞭解與認清：他擁有拉近他與學生之間距離的魔力，也可以用現身說法來增進每個人相互認識與瞭解。以下一些策略，可以用來幫助實習老師專注於建立和主導人際關係。

☐ **讓實習老師有持續介紹自己的機會。**
除了參與開始舉辦的歡迎和認識彼此的活動之外，實習老師可能會想嘗試看看下列的方法策略。

➢ 利用下課時間或早上到校時，和學生一起玩耍、聊天。

在觀察實習老師時，我發現到她沒有確實建立與學生的關係。例如，早上學生到校時，她不是忙著準備小組的課程活動，就是在建檔一些雜七雜八的資料。我的意思是說，她完全不讓學生接近她。所以我決定找她詳談，並告訴她：「你知道嗎？我覺得學生真的很想找妳說話，也很想認識妳。我會感激妳的一如果你願意花個五分鐘的時間在門口招呼他們進教室，同時看著他們在位置上坐好。」（師傅）

➢ 邀一小群學生一起共進午餐。

每天我都和學生進午餐，我輪流坐不同的桌，跟他們談天說地。（實習老師）

➢ 要真誠。聆聽學生的心聲，並強調：「我瞭解你會有那種感覺。」或者「我小時候也是這麼想的。」

➢ 與班上學生分享自己的小故事。

> 與學生分享自己最喜歡的書。
>
> 我和學生分享一些我個人及生活中趣事，他們覺得很好奇，進而追問我一大堆問題。其實分享的感覺很自然、很重要。（實習老師）

□ **幫助實習老師製造機會給學生，讓學生有機會分享自己的生活。**

大部分的孩子都喜歡告訴大人他們生活中的點點滴滴，如果實習老師無法製造這樣的機會，師傅可以建議她用下列的方法試試：

> 以收集資料的方式起頭，例如，招呼學生過來，談談他的父母和兄弟姊妹，認識他的鄰居有誰，問問他住哪裡等。

> 先問學生是否不滿意目前的生活，再聊聊足球比賽，難忘的旅行，新寵物，最難過的事，拜訪祖父母等。

> 要學生帶一張他們最喜歡的，有關某個人或某件事的照片，並和班上同學分享照片的故事。

☐ **幫助實習老師與學生溝通聯絡，讓他們知道「我們都是班級的一分子」。**
實習老師可以採用下列方法：

➤ 要讓學生明白發生在教室中的問題，是要大家一起來解決。

➤ 說出師傅期望每個人都能互助合作，直到人人能完成工作－特別是在進行特別艱難的工作時。

➤ 向學生報告班上日積月累成長或進步的軌跡。

➤ 即刻開始參與團體聚會和班會。

➤ 全班一起共享成果和光榮時刻，不要當作頒獎的形式來辦，只是要告知他們，讓他們看到大家一起努力完成的成果。

　　我的實習老師在她來班上滿一個月的那一天，辦了一個小小的慶祝活動。學生們為這突來的驚喜感到很快樂，他們開玩笑的說，這種慶祝法讓他們覺得好像在慶祝把她「娶」了過來。（師傅）

☐ **幫助實習老師認識每個學生，把每個學生都當成獨立的個體來對待。**

每一個學生都有他獨特的需求、才能和觀點（這是教育成功的核心）。如果實習老師想在這方面能有更好的表現，師傅要讓他多認識每個學生，包括他們特別的需求、能夠接受的挑戰和貢獻。師傅可以建議他採用下列的方法：

➢ 單獨與每個學生相處：討論一本書、共進午餐、或下課時間一起玩耍。總之，試著對每個學生都有相當程度的瞭解。

> 我覺得跟學生建立關係是很輕鬆自在的事，我堅持一定要建立好與每個學生的關係。不過，到學期末還是有一個學生瑞章，讓我掛心，一直到放寒假的前一天，我終於知道我錯失了他，我讓瑞璋從我身邊溜走，其原因是什麼已不重要了。其實整個學期以來，他是唯一讓我無法深入瞭解的學生，為此我真的很自責，我怎麼會搞

成這樣？事情怎麼會發展到這種地
步？過去一年我真的很用心，已經儘
量從壓縮得再也不能壓縮的課堂時
間中，抽空「一對一」對每個學生瞭
解。（實習老師）

➤ 要求全班學生每個人都要做一本『我
的書』，或做一本全班的班級日誌。

➤ 鼓勵學生在日記裡寫一些他們想要實
習老師知道的有關他們的事情，他們
喜歡班上的那些事情，他們覺得那些
地方應該改進的。並定期把他們的日
記收來批閱，並寫下你的回饋。

學生寫的日記真的很坦率，幾乎無所
不談，他們寫有關同儕和團體間的壓
力、他們在家庭中遇到的問題、或朋
友相處的一些問題。其實透過學生的
日記，使我對他們的瞭解更加深入，
真的沒有任何方法能比日記還管用。
確實由於日記的作用，學生在我心中
的印象，才變得生動鮮明起來。（實習
老師）

我們班的小朋友排不好隊伍，我就要
求他們重做，一遍又一遍，直到他們
排好為止。後來，因我們練得太久了，
不小心又漏上一堂體育課，他們便開
始煩躁不安起來。所以，我要他們就
整個事件，寫信告訴我他們的想法及
感覺，我把收到的信帶回家看，並回
函給他們。由這個經驗的啟發，我決
定建議他們以後不論何時，他們想要
寫信告訴我任何事情，都可以寫在日
記上交給我，我也會寫上我的感想回
應他們。後來的效果出乎意料之外的
好，他們開始寫日記告訴我一大籮筐
的事情；有些寫來要求協助，例如：
「我一直無法專心上課，因為我身邊
的同學一直聊天聊個不停。」後來我
也收到一些積極正面的回應，有一個
學生寫說：「我很喜歡上你的課，你可
以再多上一點嗎？」（師傅）

➤ 切記！基本上每個學生都需要自主
權、歸屬感及成就感。他們所以會出現
不當的行為，通常是因為自己不知道

如何來滿足這些需求。例如，他們可能
會相信除非某人失敗了，否則自己無
法成功；或者，他們會以為自己的成就
感是藉由他人挫折的程度來判斷；或
者，他們以為團體中的歸屬感，要先排
除某人才能圓滿。大部分的情況，都是
來自於學生的理解能力與程度不夠深
入，再加上處理人際之間應對的行為
與技巧有限，而不是學生本身有問題。

我開始注意到把學生們當成獨立的
個體來看待，當成待解的謎題，而不
是再當成麻煩的人物。（實習老師）

即使當我們在假設學生喜歡待在一
個溫馨的團體中時，在他們的身上可
能還隱藏著某些暗流，那是我們老師
再怎麼努力也無法克服的。實習老師
必須馬上調整自己去適應，因為當我
們以最大的熱忱，去為他們營造一個
公正無私又溫馨的班級情境時，不要
忘記，想要達到預定的目標還要走很
長的一段路。即使你已經開始為溫馨
的班級情境訂好基本原則，這之後你
仍會有很多機會見識到學生所表現

出的行為，可能和你的期望完全相反。我覺得實習老師可能會訝異得無法接受，自己的好意竟然被當面砸回臉上。你可能自以為是世界上最仁慈、最善良、最公正的老師，不過還是會有某些學生不斷地帶給你挫折，因為他們要回應的不是你，而是發生在他們生活中、學校之外世界的種種事情。（師傅）

➢ 試著把焦點放在學生可愛的一面。
我的實習老師決定每天放學前發出兩張感謝狀，如此速度，十天後班上每個學生都會收到一張她給的感謝狀。學生們都很喜歡它，領獎時還為彼此拍手鼓勵，我覺得全班都感受到她所要傳達的是：『嗯，我認識你，我知道你是誰哦！』他們也都知道，她看到了他們每一個人的優點，所以要用這樣的方式來告訴他們。（師傅）

➢ 把你對每個學生的觀察，以及他們的人際互動關係，記錄下來。（詳見：方法三）

☐ **幫助實習老師和學生彼此相處融洽，無論在什麼情況下都要做到忠於自己。**

建議實習老師對學生分享幽默感，並能陳述能夠自我實現的例子。

> 由於只待過郊區的學校，我的實習老師特別選擇轉到市區的學校來教書。在她來到我班上之後，才發現兩者的差異是那麼的大，尤其是我這班學生上課容易分心，又特別難帶。為了讓她建立自信，因此我們決定一開始她先負責一些上課前的例行工作，如撕日曆，記錄天氣，以及學生到校時負責招呼他們；直到她覺得不再擔心那些上課的流程，可以輕鬆與學生融洽相處，並能注意到他們所說、所做及所需要的事情，才開始負責教學的工作。（師傅）

☐ **介紹實習老師給學生家長。**

師傅可以親自介紹實習老師給家長，也可以透過寫信或班刊的方式告知家長有關實習老師的簡歷。師傅也要鼓勵實習老師一開始就主動和家長溝通與聯絡。

> 每一次有實習老師來，我都會在班刊上介紹給家長認識，而且我也鼓助實

習老師主動打電話給全班學生的家長，以建立良好的關係。學生們也會警惕，實習老師可以跟我一樣打電話給每個家長，分享學生在學校發生的事情，或是做了某件值得鼓勵的事，或是某件有問題的事等等。這樣一來，當他在實習上課期間，學生出了什麼問題，就不需要靠我來打電話通知了。（師傅）

☐ **提供便利的管道，讓實習老師與學生家長溝通更方便。**

早上學生家長帶學生來上課，或放學帶學生回去時，鼓勵實習老師主動和他們攀談。若有一些像返校之夜、親師座談會、召開會議或其他學校的活動時，要讓實習老師以專業教師的身分一起參與。

在親師座談會那天，我到校較晚，我的實習老師就會先與家長會談。她問家長一些孩子的問題，並告訴他們，她注意的一些特別的小事，以及她與學生的一些對話內容。幾個月後，有一個來自要求特別嚴格的家長告訴我，我的實習老師真的幫了她一個大忙。（師傅）

建立在班級中的權威及控制力

　　雖在一個經營良好的班級中,學生要為自己的學習及人際關係負責,不過教師仍扮演相當重要的掌控角色。學生可以無憂無慮的學習,因為他們知道老師不會讓教室中有任何出軌的事情發生。學生愈有信心不會受到傷害、受騙、受辱或欺凌,他們對班級愈有歸屬感,並愈能專心致力於學習。師傅的教學經驗非常豐富,必然能瞭解這種連鎖效應。因此師傅身負的重責之一是引導實習老師,讓他也能具備此項控制裕如的技巧。

◆　當實習老師忽視掌控班級領導時

　　每一位老師都希望能在班級中掌握適當的領導方式,實習老師尤其需要這樣的能力。因為初任教師常缺乏教學經驗,使得他們常天真的以為班級中不需要老師介入領導,以及規範學生的行為,因為領導無形中會抑制學生發揮自動自發的精神。除此之外,他們對「控制」這個詞彙感到極端反感。大部分人總是把「控制」和「權威」的用意想成是負面的、嚴厲、冷酷的,如此師長給人的印象是滿腦子想支配

與控制學生。所以，沒有一個實習老師想被當成支配慾的人。因此，除非有師傅的協助引導，他才能明白老師是可以既溫和又有威嚴；既有彈性又堅守原則；既以學生為中心又能適度的介入掌控的領導者。就是因為老師掌控班級的領導權，他才可讓自己做到百分之百的公平。

再者，實習老師對切身壓力特別敏感，常迫切需要讓學生剛開始就知道他們是班級的領導者，並握有班級的掌控權，也能說到做到，甚至言而有信，而且所有的作為一定是公平合理的。然而，實習老師亦會面臨教育本質的難題：符合學生自治需求重要？還是著重運用掌控力領導？如何與學生維持友善的關係，又能避免他們出現偏差的行為？如何要求學生自我挑戰與向前邁進，同時又能鼓勵他們自我肯定？尤其當實習老師面臨這些壓力而顯現猶豫不決時，常需要有人協助他們釐清觀念，並求取一個平衡點。

剛開始我不覺得掌握班級的主導權有啥重要？因為我想要讓學生在班級中有「家」的感覺。現在我才瞭解學生確實有必要了解，你才是主導一切運作的人。也

就是說，身為老師的，我就是班級的掌舵者。但是在教室中，學生還有很多機會可以為自己做決定：決定科學實驗的方向，或是決定要選什麼課外讀物。但是他們也都知道，我守著最後一道關卡，保護他們免於身心受到傷害。我以班級的掌控力表現在能讓班級以最快的速度安靜下來，或安靜地端坐在位置上。我以前曾經把這種控制手段視為軍事操演而嗤之以鼻。現在我已經知道確實需要這種高明的控制策略，學生才會知道你不會允許任別人嘲笑或傷害他們。（實習老師）

在實習老師還沒有機會與學生有任何的個別接觸前，他們必須先建立自己與整個班級的關係。我的實習老師就帶了很多凝聚班級向心力的活動，例如，在開學第一天，她帶鬆餅到班上來，讓學生以自己為題在小卡片上製作謎題，最後再把所有的謎題集合排出全班的拼圖。她甚至提到打電話到學生家向家長介紹自己，假使有機會則會做家庭訪問，和他們分享學生在校的學習情形。無形中她時時刻刻都在做

建立人際關係的工作。除此之外，她會讓
學生瞭解班級團體的特有表現與成果。(師
傅)

◆　當實習老師採取強權式領導時

實習老師儘管想避開獨裁強權式的領導，
但也會不由得一再提及教室的亂象，讓他們無
法專心上課。尤其當學生感覺到實習老師比他
們原來的老師「好欺侮」時，不當的行為就有
可能出籠，甚至胡作非為。因此，實習老師有
時反而需要特別強調他的權威，以彌補學生對
實習老師與級任老師認同與感受上的落差。甚
至通常所謂的「嚴師」，是指挾威權來教學的老
師，似乎是導因於他們在實習時「採取威權能
得到相當效果」的經驗而來。

班上的秩序已經失控好一會兒，因而
也浪費了不少時間。目前的情況其實不是
我們真的想要的，以致我氣得火冒三丈，
學生也不見得好受。雖然在黑板登記名字
完全不是我的本意，但我還是照做，而且
一點也不後悔，因為那樣很有效。而且，

138

日後如果我又遇到同樣的情況，只要我覺得事情沒有照我預想的方式進行，我一定毫不猶豫地照做不誤。但是，我也會努力嘗試其他的方法，因為我不想停留原地，一直都沒有進展。（實習老師）

方法六：師傅能幫實習老師……
建立在班級中的權威及控制力

師傅能夠為實習老師做些事情，來減輕他扮演權威領導角色的壓力。最大的挑戰是要幫助實習老師運用他所擁有的任何控制力，以使班級能夠順利運作，同時又要幫助他能夠隨著時間慢慢成長，而成為幾乎不需要任何控制支配方法的老師，因為本身已經具備很多其他的教學策略，不再只是倚賴一種方法來經營班級。

☐ **預先設想實習老師對支配掌控的想法會和師傅不同。**

即使師傅已經可以不必用到獎懲外控技巧，不過仍要有心理準備，畢竟實習老師

還會需要它。其實外控技巧只能當作實習老師引導學生表現好行為的輔助策略之一，師傅要協助他們努力嘗試其他的經營策略。如果師傅本身亦用到了一些外控技巧，應向實習老師澄清它們在你從事的班級經營策略中，只佔了「一丁點」的份量。

☐ **與實習老師深入思考，如何處理一些典型的情境問題。**

請實習老師設想一系列『如果……怎麼辦』的問題，目前師傅可以提供一些用過的話語和方法供實習老師參考。例如，要吸引學生的注意力，不必喊破喉嚨，反而要降低音量；要引起某個學生專心，悄悄走近他身邊，比斥責怒罵有效。又如在不同活動的銜接、解散去吃午餐、或學習活動亂成一團時，實習老師應確信師傅會協助處理可能發生的狀況，因此他可以有許多可以選擇的參考做法，而不致發生無計可施，只能採用強權鎮壓一途。

對於我設計的活動，我習慣反覆檢討有無疏漏之處，然後問自己：「如果發

生某某事情時該怎麼辦？我要怎麼
處理呢？」我會詳細列出許多「如果
/怎麼辦」的問題，預先在心中想好幾
個不同的應變備案。我還準備了一整
個資料夾的活動單，以備不時之需，
只要我覺得自己有需要，我就可以拿
出活動單說：「好，現在每個人回到自
己的位置上，我們要換檔了。」那已
經變成我和學生的默契了──一聽
到換檔，學生就知道要回到位置上坐
好。這時我可以趁機讓情緒有喘息的
空間，或者可以叫某個學生來個別談
話。（實習老師）

□ **鼓勵實習老師選擇二至三個教學技巧，再**
全力練習那些技巧，直到他覺得自己可以
純熟地加以運用為止。
一旦實習老師已經可以輕鬆駕馭這些技巧
時，鼓勵他們再多選一些其他技巧，並繼
續不斷地練習下去。

有時候實習老師一慌張，腦中就會變
得一片空白。因而，我教他們把一些
常對學生說的教室語言熟記在心中，

以防萬一。例如:「請馬上做出正確的
決定。」、「我不認為在這種情況下,
有人可以把他的工作做得很好。」,或
者「我們休息一下,頭趴在桌子上休
息一分鐘。」(師傅)

☐ **幫實習老師多想一些可以適度運用權威
的方法,那些方法要以盡量不破壞班級的
團結為優先考量。**

在我教不動一些學生時,我決定把他
們叫到教室外個別談話五至十分鐘,
其他學生則留在教室中繼續讀書;不
過我也會叫一些聽話、認真的學生出
來,因為我不想讓他們有個印象,即
我叫他們出來就是懲罰他們,我覺得
這個方法處置學生效果蠻不錯。(實
習老師)

☐ **允許實習老師以一小部分、一小部分逐漸
接管班級經營。**

首先讓實習老師教一些容易教導的學生,
同時師傅也教導實習老師把教學大致分
成幾個部分,一次先處理一小部分。例如,

以一個星期為期間，師傅可以照顧早上已到校的學生和批改作業，在這段時間讓實習老師可以專心學習如何招呼學生進教室。

> 我的實習老師第一次帶小組教學課程時，我安排了一組以英語為第二外語（ESL）的學生給她帶，雖然這組學生有閱讀障礙，但學習意願很強，然而另有一些很不好教的閱讀障礙學生，已被我排除掉。這是要讓她學習如何教學的經驗，並瞭解什麼叫做閱讀障礙者？而不要讓她搞混了閱讀障礙和行為偏差的差異。一旦她在這個教學領域上站穩了腳步，我會把其他的學生再加進來。（師傅）

> 通常我們的起步都太慢，然後突然之間，像雪球般整個滾了下來。我覺得身為師傅最重要的是要把教學盡可能掌控得宜，就像在傳雪球一樣，不要一次傳得太多、或太快。如此一來，把教學分成較易處理的一小部分、一小部分來教，我的實習老師管起班級來，自然遊刃有餘。（師傅）

☐ **指導實習老師一些教學策略,使他教學更加得心應手,同時可以預防學生發生一些潛在的問題行為。**

以下是一些建議:

➤ 在進行活動前,先行角色扮演示範一次,讓學生確實瞭解到底該怎麼做才對。

➤ 在全班從事某項活動之前,先讓一些學生上前示範。

➤ 在正式進行活動前,先讓學生徹底討論什麼叫做「負責」(或互助、仁慈、互相尊重等)。

☐ **幫助實習老師對學生在做出保證時其態度要自然而堅定。**

要跟實習老師強調:學生很在意他的言行舉止是否充滿自信與肯定。師傅更要讓實習老師了解,已經決議的事項固然需要遵守,稍後如果因故需要更動決議,應該沒有關係的。

學生都很習慣看到你的態度是百分

之百的肯定，即使背地裡你已經急得
快瘋了。（師傅）

我試著讓實習老師瞭解：學生不會像
玻璃一樣，一碰就碎。他們是很有彈
性的，你可以很有自信的發揮，不必
怕犯錯，學生不會有事。他們要的是
值得信賴的人及受到公平的對待。
（師傅）

☐ **討論一個「聆聽學生關注某一項決定」的
適當時機。**
不論實習老師是憑一時衝動、或是經過深
思熟慮而下的決定，學生都會很「關心」
它。這種關心有兩種情形：其一，是學生
是以負責的態度來表達的關心，實習老師
應以開放的心胸來接納；其二，是實習老
師不想被學生抱怨及牢騷淹沒，而接納他
們的意見。實習老師應僅就這兩者之差異
詳加比較。

☐ **請實習老師觀察師傅的掌控技巧，稍後再
與他討論與聽取意見。**

宜鼓勵實習老師想辦法把某些技巧內化成他自己的。

> 我聽過我的實習老師用一些我常會說的詞彙和反應,特別是當她說一些跟我一模一樣的話時。例如,「檢查你們服裝儀容的整潔」或「解決這個問題」。歸根究柢是她要來我們班上實習一年,而現在也已實習一半了,雖然她常自嘲說她很像我的另一個「分身」。不過,這樣確實有用。我只是想讓她知道—其實她也瞭解,她在我身上學到的只是一種教法,絕對不是唯一的方法。我常提醒她,有一天她自己帶班後,她可以參考一些我用過的方法,不過還是要發展屬於自己的方法。(師傅)

□ **要注意不要讓學生離間你和實習老師的情誼。**

有些學生很擅長於利用師傅來打壓實習老師,針對此點師傅和實習老師應該仔細討論一下,萬一有這種情形發生時,應該

怎麼辦？這對你們的同事情誼和師傅的權威衝擊有甚大的利害關係。

那一天，實習老師正在對學生做課後輔導，我剛好走進教室，就有三個小男生衝著我問：「我們可不可以吃點心？」實習老師馬上說不可以，因為他們已經問過她了，她很明白的讓他們知道她說話算數。如果她沒有立即反應的話，我可能會回應他們「可以」，那不可避免地傷了她的權威感。（師傅）

訂定規約要清楚明白，且前後一致

學生必須對公平、尊敬、互助、負責、誠實和仁慈等有過親身感受，才能夠發展出相對應行為。不過，實習老師還是需要循循善誘，不厭其詳的引導他們討論這些核心價值觀的重要性，以及如何在教室中轉化成實踐的行為，讓學生見證這些價值觀放諸四海皆準的本質。

　　除了安排正式的課程引導學生討論這些
價值觀外，教室裡常有數以百計的教育契機發
生，實習老師最需要學習的是要分辨這些價值
觀，應以什麼樣的型式呈現在教學活動中，以
及當這些價值觀的機會教育出現時（或不出現
時），他們應該如何應對。

◆　確保實習老師瞭解與實踐核心價值觀

　　師傅一定要花一點時間和實習老師解釋
如何安排設計，將這些價值觀自然地融入到班
級的教學運作中，師傅與實習老師決不允許忽
略學生對這些價值觀的學習。雖然實習老師與
師傅對學生的整潔、安靜、自動自發或幽默感
等美德的要求可能有所不同，要是這些德目在
實踐上有異議，雙方還可以溝通協調，但是在
核心倫理道德觀項目上，師傅對實習老師的要
求與輔導則完全不能妥協。所以師傅的首要任
務，是幫助實習老師瞭解核心價值觀的重要
性。

　　另一項師傅的挑戰是要幫助實習老師瞭
解自己的行為與這些核心價值觀是密不可分
的。如果實習老師在教室中的言行和他強調要

學生遵守的價值觀不一致的話，學生很快就會察覺到他的言行不一。學生們特別關心實習老師能不能做到公正無私，特別是教師在學生們質疑某件事的公平性時，能否針對那件事情解釋得讓他們心服口服。

　　在實習老師接管集中實習期間，學生最不能接受的事情是受到不公平的待遇。同樣一件事情，一個學生這樣做要被處罰，另一個卻沒事，絕對會讓他們憤憤不平。因為他們要求的就是公平。像我們這些「老」老師，處理起這類事情經驗很老到，我們會坦白的直接對他們說：「因為你怎樣怎樣，所以我才會要你做，而不是要他做。」如此處理，他們就服服貼貼了。不過，這也是經過多年絞盡我們無數腦汁與經驗，才突然間豁然開朗，並能夠輕鬆地處理。（師傅）

　　在對核心倫理道德觀達成共識後，一些細部的重點可能因觀點不同造成歧見，例如，要教導公平公正的價值觀時，你們之一可能會覺得應該強調性別平等的主題，或族群平等的議

題，因此敏感的人可能會察覺評量的方式，可能會讓課程設計出現不公平的漏洞。師傅要謹記「有雅量接納實習老師的價值觀和洞見，實習老師才會虛心接受意見」，你們才能敞開心胸的討論這些議題。

◆ 實習老師應用價值觀時，可能會有些掙扎

實習老師在實習過程中，在嘗試應用核心價值觀時，可能會產生一些疑惑的掙扎。第一個挑戰：實習老師可能對自己的價值觀沒有深入的瞭解，或者信心不足。舉個例子，負責任是所有學生應有的表現。學生們因負責行為而造成彼此間言語衝突或偏差行為，教師處置時不能立場搖擺不定，或隨心所欲的任意裁奪。要知道替不用心的行為找藉口使它合理化，並不是真正的善意。

第二個：實習老師的挑戰，在於能熟練日常生活中應用的核心道德觀的呈現方式，並能夠讓學生時刻體會。他對學生設定的期望，應該以每日在校的生活為出發點，並隨時與他們溝通。例如，以實用層次而言，可能意謂著他

必須提醒學生,「欺騙」是教室中是絕對不准許
有發生的行為;以道德層次而言,意謂著他要
幫助學生瞭解「欺騙」對個人及班級會造成的
短期和長期的影響。師傅還要培養實習老師敏
銳的觸角,讓他能夠輕易的將教室中的偶發事
件轉化為機會教育,幫助學生能清楚地理解抽
象的道德理念。對實習老師而言,這個時候他
還要學習處置教室中其他瞬息萬變的事件,更
是一項棘手的挑戰。

　　對於核心道德觀,你不能把它們搬出
來直接教教就算,而應該從課堂中偶發的
小事件下手。像是某個學生破壞某項班級
公約時,你的回應就應從核心道德觀的角
度教學切入。(師傅)

　　第三個:實習老師的挑戰,在於要能認識
平衡多元價值觀的複雜性。身為師傅如果發生
某一個價值觀妨礙到其他的價值觀時,你要能
夠引導實習老師做抉擇。例如,可能會有實習
老師相信,根據仁慈的價值觀,他必須竭盡心
力地照顧一個貧窮或文化不利的學生,因此可
能忽略其他學生因他矯枉過正的行為,而造成

應受照顧的排擠效應。還有的情況是，有的實習老師分不清仁慈與誠實在時機上的優先順序，或是當尊重和誠實明顯的發生衝突時，應該如何抉擇問題。

最後一個：實習老師要能實踐核心倫理道德觀，而且要前後一致、始終如一。對他來說，這句話可能代表著用相似的方法來處理相似的問題；然而，較有經驗的老師都深信，所謂的一致性是指教師的教育目標和學生的學習成果，而不在於處置的方法。

　　　　我把它看成是一種更高層次的「同中求異」，聽起來有點矛盾，不過我認為最重要的是，要找出各種能夠實踐價值觀和期望的方法，再從中找出適用於個別的學生、符合他們需要的一種。對每個學生公平、善待他們，不必要以相同的方式對待每個人；我讓林立與中達進辦公室報到，和我不叫馬士修來的原因是一樣的，但是處置的方式可能不一樣。（師傅）

師傅能幫實習老師……
訂定規約要清楚明白，且前後一致

師傅除了幫助實習老師瞭解班級中運作的價值觀，以及這些價值觀是如何呈現在日常生活外，也要對實習老師解釋應用這些價值觀的原則方法。在實習老師眼中看起來前後不一致的價值觀，事實上就師傅因應對不同學生的期望而言，其實是符合一致的原則。

☐ **幫助實習老師徹底明白：組成班級骨架的倫理道德的原則。**

師傅對於主導的核心倫理道德觀要直言無隱。在實習前半年，要讓實習老師參與班上訂定班級公約；在實習的後半年，也要讓實習老師參與檢討表揚會議，讓他看看學生們對於他們實踐班級公約的成果做自我評估。如果學生絞盡腦汁還列不出能夠代表他們實踐公約的行為，師傅可以和實習老師一起幫他們列出表來，並鼓勵實習老師運用各種方法來提醒學生。

☐ **解釋清楚讓實習老師明白班級運作的流程，是如何的反應出師傅對公平、自我負責及仁慈等品德的重視。**

有些運作流程可能是處理班級例行事務的程序，例如，如何做好班級的工作；還有一些流程指的是你如何解決班級問題的程序。

> 通常公平是班級中非常重要的課題，因此，我鼓勵實習老師要讓學生清楚知道他是很注重公平的。例如，我常用來強調公平的方法之一，是當我在教訓一個學生的時候，我常會停下來問他：「我有沒有對你不公平？」如果他回答有，我會再問他我那裡對他不公平，然後再好好的檢討反省自己；如果他回答沒有，我會確定他要好好的自我檢討反省。（師傅）

☐ **與實習老師分享班上學生自己列出解決教室一般問題的方法的明細表。**

除了學生自己訂的班級公約外，師傅可能已經教會了他們針對班級或遊樂場中常

常發生的問題，並發表自己的解決方法。
師傅也要鼓勵實習老師發現問題的時候，
多利用這個問題解決明細表，並和學生重
新檢討他們解決問題的意見。

☐ **建議實習老師要引導學生討論一個問題
時，有時可以以一則個人的故事來起頭，
通常效果不錯。**

無論實習老師是在對全班，或和一、兩個
學生討論解決問題的方法，讓實習老師瞭
解如果舉自己小時候一件相關的事情來
做例子，會很容易消弭學生的抗拒心理，
他們也會較能面對問題，也不會排斥他。

☐ **鼓勵實習老師和學生採一對一談話的方
式來解決問題。**

要讓實習老師瞭解「把肇事學生帶到一
邊，或私下個別討論，鼓勵他為自己犯的
錯尋求解決之道」的重要性。也要讓實習
老師知道師傅是用那些說話技術，來引導
學生自己解決問題。例如：「你想不想解
決這個問題？你不會有麻煩！不過，我必
須看到這個問題會被處理得很好。」

> 我覺得最有成就感的一刻，是當某個學生犯了不該犯的錯時，你和他有個一對一的談話時刻，當然只是說說話，而不是訓話。你可以問他：「發生什麼事了？」「怎麼了？」「你知道我能夠瞭解你的感受，因為我以前也都是這麼想的。」（師傅）

☐ **提醒實習老師要假設不當行為背後最可能的動機，通常和事實相去不遠。**

實習老師必須知道他的首要任務是要防止任何不當的行為發生（那種有傷害性的行為）；第二個任務是要找出為什麼學生會做出那種不當的行為。師傅要跟實習老師分享的一個最重要的原則是：假設學生發生不當的行為，它最有可能的動機與事實的表面一樣—誤解、經驗技巧不純熟、或粗心大意等等。但千萬不要把學生犯錯的動機往不好的、負面的方向去思考。實習老師可能會發現：要能始終如一的保持這種心態很難（畢竟，誰不是這樣呢？），不過，這個原則卻是一個在教室或生活中值得堅持的態度。

□ 幫助實習老師學會各種方法來激發學生的內在動機，使他們自己努力成為好學生，並自動自發學習。

除非師傅點醒實習老師，否則他可能看不出內在動機有什麼重要性，更別提要去激發它了。師傅要讓實習老師知道學生參與訂定班級公約及參與解決問題的理由，它可以讓大家瞭解「所有的人都處在一個既公平、又溫馨的環境中學習」。此外，師傅也要讓實習老師知道在學習活動中，使用什麼技巧激發學生的學習動機，幫助他們能夠將學習聯結到先備經驗及背景知識中，讓他們發現學習間的相關性，並自己訂立出學習追求的目標。師傅也要對實習老師談談為什麼儘量避免使用一些外控技巧，例如，獎賞、獎品和讚美等，並講明你抱持的理由和策略是什麼。

□ 請實習老師透過評價的眼光去觀察整個班級的互動，稍後再和他討論，給予意見。

在點醒我道德發展的方面上，師傅對我的幫助很大。他幫我分辨出什麼是對的，什麼是不對的，因為我自己真的整理不出個所以然來。（實習老師）

激發每個學生的學習能力

師傅費心營造班級凝聚力的原因之一，是希望能夠提供一個積極的學習環境，讓每個學生都能竭盡心力、熱愛學習。師傅一定樂意協助實習老師瞭解建立班級的學習風氣、激勵學生學習動機的方法，也讓他能確實瞭解什麼是有效率的教學經驗。

> 你帶學生的活動不同，成果也會大不相同。如果那個活動既活潑又有趣，而且讓他們覺得那是值得去做的活動，他們參與的可能性會更大。（實習老師）

實習老師在師資培育機構已經修過不少有關教學與課程設計的學分，這些方面的專業知識，可能比一個資深老師還廣博。師傅離開大學院校一段時間，一些較新的教育觀念及知能可能比較缺乏。當實習老師想為班上引進新的教學理念，或當師傅想要虛心向實習老師學習新課程理念時，師傅要確認實習老師的計畫和為學生訂的教育目標是一致的，同時還要確認實習老師的新穎課程理念是適用於全班學生，還是只適用於少數最聰明或最聽話的學生。

　　對實習老師而言，能激發每個學生學習的課程設計，可能是他最容易理解的一部分。但一堂課呈現幾分鐘後，學生便發生焦躁、無趣、不注意等狀況，這不會全是學生的問題，它很有可能是因課程呆滯刻板、設計不良所造成。

　　在我設計小作家工作坊的課程時，學生簡直趨之若騖。最後我的結論是，當學生從事的工作正好是他們熱愛的事情時，整體而言，班級經營根本不是問題。(實習老師)

　　對我而言，班級經營不只把我的期望交待清楚明白，也不只是陳述對學生的要求，它同時代表著：我有信心要求學生全心注意力的權力，因為我為他們設計的活動是值得參與的。(實習老師)

方法六：師傅能幫實習老師……
激發每個學生的學習能力

　　除了解釋想用什麼方法來激勵學生之外，師傅也要有心理準備，要提供自己的教學當作分析的材料，並要安排適當的時間和實習老師共同設計教學活動。

☐ **介紹師傅本身激發學生的動機，使他們熱烈參與每個學習活動的方法。**

即使一個設計完美的課程，本身也無法完全清楚解釋為什麼會吸引學生參與學習。所以，師傅要幫實習老師瞭解可以用那些方法來吸引學生的學習興趣，或者至少讓他們相信這是一堂值得注意聽的課。以下是一些對實習老師的建議：

➤ 以介紹活動的方式，讓學生把個人的經驗和教學的主題、或故事聯結起來。例如，鼓勵他們說說即將探討的主題，他們自己有過什麼樣的經驗（教師也可以穿插一些自己的故事）。

➤ 把學生相關的先備知識，做成班級的檔案資料歸檔。

➤ 先介紹一些背景知識，使學生能夠從已知的知識，順利跨越到未來即將學習的知識。

➤ 就將實施的課程、活動或學習，讓全班腦力激盪，想出一些他們希望能夠獲得答案的問題表。

　　　　幫助學生腦力激盪，想想他們即將學習
的課程的可能目的是什麼，或跟他們未來的
學習有什麼關係？

☐ **敘述師傅是如何設計課程，才能保持學生
的學習動機及參與感。**
　可以參考下列意見：

➤ 設計活動要有開放性，讓不同程度的
學生都能參與學習，並能根據自己的
能力與步調，各自在學習中獲得成就
感。

➤ 為學生設計不同的方法與技巧去學
習，最後，每個學生都會覺得在這個學
習活動的某些部分獲得空前的滿足
感。

➤ 在課程不同的部分，讓學生自己選擇
要挑戰的分數。

☐ **師傅坐下來和實習老師一起共同設計教
學活動。**

師傅可能會發現：一起和實習老師設計教案的時間，可能是彼此相處最融洽的時刻之一。師傅的經驗加上實習老師的新點子，是「速配」絕佳的組合。因此，在結束二人設計的課程後，花一點時間共同檢討反省。例如，師徒可以一起腦力激盪，思考怎樣讓課程更有趣，學生更想去學，並一起找出課程中的問題，以及討論有什麼替代方案，可以修正或避免類似問題的發生。

☐ **從旁協助支援實習老師的教學。**

師傅坐在實習老師的旁邊，隨時提供協助與指導。例如，實習老師主導討論課時，如果師傅發現認真回應的學生不多，應提供實習老師一些能讓學生熱烈參與討論的策略。

> 有時我會問實習老師，我坐在他身邊從旁指導，對他有沒有幫助。有一次，上一堂文學討論課時，我就坐在他身旁，並低聲對他說：「很好，每個學生都舉手了，不過你不要叫他們，因為

現在是絕佳好時機，你可以對他們說：『現在轉過去面對你旁邊的同學，並跟他分享你的想法。』」我已經儘量把我對他的建議說得很小聲了，不過，學生們當然還是聽到了。讓我驚訝的是，學生們竟然很喜歡這種情形，因為可以聽到老師為什麼要選擇採用不同的做法。（師傅）

☐ **不要把師傅的教學模式當成範本，而只能要當作草稿。**

師傅主動提供自己的教學來當作個案研究的主題。其實，師傅扮演最重要的典範，是以開放的心胸，主動與別人分享自己的教學經驗，並接受分析及批評。

實習老師步向不假思索、應對自如的坦途

實習老師要在有限的時間內學習這麼多領域的東西，他非常容易產生不勝負荷的感覺。因此，實習老師一方面要努力學習如何設

163

計課程，讓學生充分享受豐富的學習之旅；同時也要學習如何安排班級的支援；解決學生間的紛爭；還要回應不同學生的種種問題，這些狀況都在同一時間內發生。

「好老師」是經過時間的淬鍊，慢慢學會「不假思索、應對自如」的專業能力，同時遇到各式問題能夠迅速果斷地做出決定。他們不僅能輕鬆地為學生建立學習小組，訂立一套浴廁使用順序規則，不必喊破喉嚨學生就會自動安靜下來，流暢地進行學科知識活動，而且他們還是博學多聞的經營者、教育家、典範及領導者。

不過，對實習老師及初任教師而言，幾乎每個活動或決定的步驟都要反覆思考它們是否恰當合宜？然而思考是要花時間的，剛開始實習老師因不熟悉教學的內容與技巧，以致不是因匆忙而遺漏某個重要的步驟，就是花了大把時間，卻仍無法引起學生的興趣，因而產生迷思與挫折感。

很不幸地，師傅對於培養實習老師「不假思索、應對自如」的專業能力，能做的實在有限。本書列舉出很多師傅對實習老師學習的建

議，包括教學示範的技巧，討論的主題，以及師傅能提供的思考方向等等；不過，獨缺少培養實習老師「不假思索、應對自如」專業能力的方法與建議。的確，要做到「不假思索、應對自如」是需要經驗與時間，並經過一點一滴慢慢累積而來的，常常是一次只能走一小步。師傅除了幫助實習老師學習承擔大部分師傅能力所及的責任與挑戰外，能提供的另一項協助是與他分享師傅是如何走到「不假思索、應對自如」的過程，讓他確信「學習如何教學」是一項建構發展的過程，它要花無數的時間，經過不斷地練習，才能對教學的理解愈來愈深，最後，眼珠轉一轉就能回應學生的要求，終而達到熟能生巧的地步。

　　你知道什麼是成功的關鍵嗎？就是不要想著一步登天，這個關鍵對我真的很重要。很多學習是要從些微小事開始做起，或只專注在一件事，而且還要注意慢慢來，在你的實習班級中一次只用一個理念實行。（實習老師）

有徒同行——
班級教師與實習老師建立一個良好的學習關係

附錄
教師反省札記

　　身為教師自己怎麼知道已經以最有效率的方式，營造一個可以促進學生的倫理道德、社會行為及知識發展的環境？「教師反省札記」提供了一系列的構想，可以協助教師參考，以促進班上學生各方面的發展。不過，這可不是一份檢測表，請您把焦點放在每一頁的實行原則上，至於那些實例，只可以當作該原則付諸實行的方法之一罷了。或許，老師們會有自己實行這些原則的方法，而學生的回應可能千奇百怪，完全不同於原來的料想的。每一頁都保留了一些空間，可以記下自己的構想和觀察。

在班級中，我可以促進學生的倫理道德、社會行為和智識發展的方法：

1. 加強班級的向心力，以促進人際關係和諧，使彼此互相關懷、合作。

2. 把社會行為與倫理道德的學習，整合成為班級活動流程的一部分。

3. 使用建構的教學法。

4. 學習活動的設計要能激勵學生學習，活潑有彈性，讓學生能依自己的程度找到合適的挑戰度。

5. 確保學生有公平、均等的學習機會。

6. 讓學生在日常生活中有機會實行自治、承擔責任。

7. 加強學生的內在動機，儘量不要用獎懲等外控方式影響學生。

1

加強班級中的向心力，促進人際關係的和諧，使彼此互相關懷與合作

◆　我努力做到下列各項：

☐　真誠地關懷和愛護每個學生－即使對那些行為不當，或存心挑釁我的耐心和理性的學生。

☐　鼓勵學生去發現彼此間的共同點，並學會欣賞、尊重彼此的差異處。

☐　讓學生多一點機會共同設計與參與活動，讓他們可以適時表現班級的團隊力、合作精神及榮譽感，並展現學校及社區的精神。

☐　加入學生活動，和他們共同完成工作，不要由上而下指揮他們。例如：全班一起討論解決問題，而不是把老師的命令，當成不可違抗的聖旨。

□　不要讓學生覺得自己高不可攀。例如：稱自己為我，稱學生為你們，應把師生分成「兩國」。

□　跟學生分享個人生活上有意義的事情。例如：個人嗜好、興趣及從事的活動。

□　提到有關班級、事物和活動時，使用包含性的語言。例如言必稱「我們」或「我們的」什麼等等。

◆　**由以下的例子，可驗證我的努力漸有成效，因為學生逐漸地：**

□　對別人較有同理心，能真誠的關懷別人。

□　自動自發的讓別人參與、邀請別人加入他們的談話或活動。

□　超越小集團的意見，表現出班級團隊力量及合作精神。

□　對自己的班級表現榮譽感。

□　似乎更尊重我，願和我一起協力合作，
　　特別有關個人的事情都願意找我討
　　論。

2

把社會行為與倫理道德的學習，
整合成為班級活動流程的一部分

◆　我努力做到下列各項：

☐　鼓勵學生討論及探究目前社會的價值
觀。例如，責任感、互助及仁慈等，
把它視為完整的學業課程的一部分來
學習。

☐　鼓勵學生學會團隊合作，並幫助他們
瞭解如何以公平、同理心來對待別人。

☐　鼓勵學生一起討論、反省、尋求幫助，
以解決學業以及與人相處的問題。

☐　讓學生有更多機會，在班級、學校及
社區中，從事社會的活動。

☐　讓學生有更多的機會，可以培養他們
對於不同文化、年齡及背景的人們的
理解及關懷。

□ 幫助並鼓勵學生試著去瞭解別人的想法、情感、動機與觀點。

□ 幫助學生瞭解定規則及制訂程序的理由。

□ 在言行之間，當以身作則，親自示範，讓學生瞭解自己身體力行、服膺仁慈、公平與責任感等原則。

◆ 以下的例子可驗證我的努力漸有成效，因為學生逐漸地：

□ 能彼此幫助，以有建設性的態度共同合作。

□ 以慈善心來做事，會邀請別人共同參與活動與談話。

□ 以尊重的態度傾聽與回應他人。

□ 不會去貶低或嘲笑別人，會彼此提醒不應去做那些不好的事。

3

使用建構的教學法

◆　我努力做到下列各項：

□　幫助學生將過去的知識及經驗與新的經驗、資訊及概念連結起來。

□　將教學重點放在培養學生對觀念的理解。

□　平常問學生一些可以刺激他們的思考，以及培養他們理解力的問題，而不需問那些只考驗他們記憶知識的問題。（例如，問他們哪一個是「正確」答案。）

□　鼓勵學生解決問題時，試著根據自己對問題的理解，用嘗試錯誤的方法去探索，而不要只靠死背解題的步驟。

□　鼓勵學生對自己感興趣的主題，要主動提出問題，並能探究到底。

    □   要常常鼓勵學生思考反省自己的學習
        過程。

◆   **由以下的例子可驗証我的努力漸有成
效，因為學生逐漸地：**

    □   熱衷參與學習，表現對自己的學習負
        責，因為他們會自己主動提出問題，
        並建議探索問題的方向。

    □   自動連結一個概念與另一個概念，並
        與自己的知識和經驗連結在一起。

    □   表現出能接受錯誤，把犯錯當作學習
        過程中稀鬆平常的一部分。

4

學習活動設計要能激勵學生學習，表現活潑有彈性，讓學生能依自己的程度找到合適的挑戰程度

◆　我努力做到下列各項：

☐　設計的學習活動，其目的或概念可讓學生覺得有意義。

☐　鼓勵學生探尋自己的興趣所在，對心中的疑惑自己要去尋求解答。

☐　設計一些真正能讓學生絞盡腦汁的學習活動，不過要規劃在讓大部分的或所有的學生都能做到的範圍。

☐　指定作業的完成方法，要讓學生有較多的機會結合他們自己的想法、興趣、觀察及經驗來完成。

◆ **由以下的例子可驗證我的努力漸有成效,因為學生逐漸地:**

☐ 表現出專注的態度,積極且熱切參與學習活動。

☐ 學習較為持久耐勞,再也不會輕易為某一件事打擊而喪失信心。

☐ 肯花時間把作業做到自己滿意為止,而不只是急著把作業做完就了事。

☐ 表現出以自己的作品為榮。

5

確保學生公平與均等的學習機會

◆　**我努力做到下列各項：**

☐　讓所有的學生都有同等機會，可以依個人不同的經驗、技能、天賦及習慣，貢獻於班級的討論和活動，且從中獲益。

☐　讓學生有機會使用不同的技巧和能力完成教室中的活動。例如，利用思考分析、圖像設計、音樂、或人際互動等的能力。

☐　變化學習活動的方式。例如，有時全班討論、小組討論、同組間交換意見、或沈思默想等，如此一來，學生可以利用他們不同學習優勢及技能，自信與自在的參與學習。（例如，有的學生用全班一起討論的方式，較能快樂地參與學習，有的則不行。）

☐ 確保每個學生都能在學習活動中，看到自己家鄉的文化、語言或經驗。

☐ 讓每個學生都有同等的機會參與討論和活動。例如，點到男女生的機會要均等，絕對不要因為學生的個性而排斥他們。

◆ **以下的例子可驗證我的努力漸有成效，因為學生逐漸地：**

☐ 討論時能侃侃而談，貢獻自己的意見，不會因為其他學生、教師、或在班上、學校等環境而害羞膽怯。

☐ 能主動與他人分享自己生活或文化中的想法或經驗。

☐ 能敬重同學的技藝、才能和不同的思考觀點。

☐ 嘗試新的學習活動，並有自信對全班做表演示範。

☐ 不會自我封閉，也不會自絕於班級活動。

6

讓學生在日常生活中，
有機會得實行自治與承擔責任

◆　我努力做到下列各項：

☐　鼓勵學生參與設定學習目標，並自我評鑑學習的進步情形。

☐　鼓勵學生對有關班級的活動和流程，提出自己的看法。

☐　鼓勵學生參與訂定班級守則和規約。

☐　有關班級的重要任務，交付學生去執行。

☐　對於學習活動及其完成方式，讓學生能有個人選擇權。例如，他們可以利用各種方法，或個人專長來完成指定作業。

☐　讓學生有機會可以磨練自己做主的技能。

◆ 以下的例子可**驗證**我的努力漸有成效，因為**學生逐漸地**：

☐ 熱衷參與學習，表現出對自己學習負責的行為與態度。

☐ 能主動建議，提出方法改善班級團體的缺失。

☐ 主動以行動表現對班級團體的向心力。例如，向人打招呼、擦黑板、或更換用具等。

7

強化學生的內控動機，儘量不要使用獎懲等外控方式影響學生

◆　我努力做到下列各項：

☐　幫助學生瞭解學習活動的目的，以及該活動與他們生活的關聯性。

☐　鼓勵學生為自我成長而努力學習，不要為得到好成績、或贏過別人而學習。

☐　儘可能的把學生間對學業競爭的心態減到最低。（例如，絕對不要特別指出某個學生的優越表現，企圖藉此激勵全班學習；展示全班學生的作品，不要只挑「優秀」的展示；不要把分數貼出來或公佈讓其他學生看。）

☐　儘量限制不要用畫星星、貼貼紙、贈獎品或其他外控的機制，來激勵學生的學業表現。

　　　　□　不要因為學生的行為表現好，就給他
　　　　　　記分或容許他有特權，也不要因為他
　　　　　　行為不好就扣他的分數。

◆　以下的例子可驗證我的努力漸有成效，
　　因為學生逐漸地：

　　　　□　培養思想探究的興趣，而不再只為了
　　　　　　博取老師的歡心，或獲得好成績。

　　　　□　熱衷、熱愛參與學習活動。

　　　　□　似乎不再汲汲追求於分數或成績。

附錄　教師反省札記

國家圖書館出版品預行編目（CIP）資料

有徒同行——班級教師與實習老師建立一個良好的
學習關係／何俊青、陳嘉彌　編譯　－初版－
臺中市：天空數位圖書　2023.06
版面：14.8*21 公分
ISBN：978-626-7161-67-8（平裝）
1.CST：教育實習　2.CST：實習教師　3.CST：師
資培育
522.6　　　　　　　　　　　　　　　　112009511

書　　　名：有徒同行——班級教師與實習老師建立一個
　　　　　　良好的學習關係
發 行 人：蔡輝振
出 版 者：天空數位圖書有限公司
編 譯 者：何俊青、陳嘉彌
版面編輯：採編組
美工設計：設計組
出版日期：2023年06月（初版）
銀行名稱：合作金庫銀行南臺中分行
銀行帳戶：天空數位圖書有限公司
銀行帳號：006-1070717811498
郵政帳戶：天空數位圖書有限公司
劃撥帳號：22670142
定　　　價：新臺幣340元整
電子書發明專利第　Ｉ　306564　號

服務項目：個人著作、學位論文、學報期刊等出版印刷及DVD製作
影片拍遍、網站建置與代管、系統資料庫設計、個人企業形象包裝與行銷
影音教學與技能檢定系統建置、多媒體設計、電子書製作及客製化等
TEL　：(04)22623893　　　　MOB：0900602919
FAX　：(04)22623863
E-mail：familysky@familysky.com.tw
Https：//www.familysky.com.tw/
地　址：台中市南區忠明南路 787 號 30 樓國王大樓
No.787-30, Zhongming S. Rd., South District, Taichung City 402, Taiwan (R.O.C.)